자유주의 신학이란 무엇인가?

자유주의 신학이란 무엇인가?

김용주

그리스도인을 위한 현대 신학 강의 ❶

칸트, 슐라이어마허
그리고 자유주의자들의 신학 다시 읽기

좋은씨앗

이 땅의 모든 성도,
그리고 그들을 귀히 여기며
그들과 함께 자라 가기 원하는
목회자, 신학생과 신학자에게 이 책을 드립니다.

감사의 글

제게 특별한 관심을 가져 주시고 이 책을 쓰도록 격려해 주신 임영국 원장님, 그리고 세심하게 읽어 주시고 아름답게 만들어 주신 좋은씨앗 편집부에 진심으로 감사드립니다. 총신대학원의 석박사 과정에서 함께 공부하면서 격려하고 충고해 준 여러 목사들에게 감사드립니다.

항상 기도로 돕는 분당 두레교회 성도들, 그리고 나의 영원한 동반자이자 진리에 대해 가장 많은 대화를 나누며 진심 어린 충고를 아끼지 않는 아내 서순례에게 깊이 감사드립니다.

2018년 봄날에
분당 두레교회 목양실에서

그리스도인을 위한 현대 신학 강의를 펴내며

"과연 현대 신학 공부가 필요한가?"라는 질문을 던지면, 보수적 신학 배경에서 자란 사람들은 대체로 두 가지로 대답합니다. 어떤 사람들은 "현대 신학은 어차피 비성경적이고 자유주의 신학이니 공부할 필요가 없다"고 말하고, 다른 사람들은 "우리에게 종교개혁 신학이 있으니 굳이 현대 신학을 공부하지 않아도 얼마든지 목회할 수 있다"고 말합니다. 현대 신학 공부는 필요 없다고 주장하는 것이지요.

진보적 신학을 좋아하는 사람들은 "현대 신학 공부야말로 현대 교회를 갱신할 대안"이라고 하며 현대 신학 공부에 매진합니다. 보수와 진보의 주장 가운데 무엇이 맞는지는 현대 신학을 심층적으로 탐구하여 그 정체를 직접 보여 주는 수밖에 없습니다.

하지만 우리가 현대 신학자들을 연구하여 그들의 주장을 파악하기란 쉽지 않습니다. 왜일까요? 현대 신학은 현대 철학 사상의 영향을 강하게 받으며 태어나서 그렇습니다. 근현대 철학을 모르면서 현대 신학을 이해하기란 불가능합니다. 국내에서 현대 신학에 대한 책을 쓴 사람들은 대개 철학을 전공한 이들입니다. 그러면 철학을 공부하지 않은 사람은 현대 신학을 이해할 수 없는 것일까요?

아니요. 그렇지 않습니다. 현대 신학을 공부하는 것이 쉽지 않고, 그들의 주요 사상을 이해하기 어렵더라도 알려고 애써야 합니다. 무엇보다 현대 신학을 이끈 주요 신학자들의 책들을 읽어 내야 하고, 그들의 사상을 알려고 해야 합니다. 그들의 책들을 읽어 나가다 보면, 우리가 이해할 수 없을 정도로 그리 어렵지 않음을 발견할 것입니다. 또한 현대 신학자들을 다룬 책을 통해서는 이해하기 어려웠던 그들의 주장이, 실제로 그들이 직접 쓴 책을 보면 이해하기가 더 쉬움을 알게 될 것입니다.

저는 현대 신학자들의 책을 원전으로 읽으면서 그들이 가진 사상의 핵심을 파악할 수 있었습니다. 현대 신학을 공부하고 싶어도 어려워서 못하겠다고 말하는 사람들에게 제가 깨달은 것을 알려 주고 싶습니다. 물론, 아무리 내용이 쉬워도 나는 공부하지 않겠다고 하는 사람들도 있습니다. 하지만 교회 안에는 부지불식간에 현대 신학자들과 똑같은 생각을 하는 성도들이 적지 않다는 사실을 알아야 합니다.

입만 열면 자유주의 신학을 비판하는 사람이 사실은 자유주의 신학자들과 똑같이 말하는 것을 보고는 소름이 돋은 적이 있습니다. 교회 안에는 칸트주의자들도 있고, 슐라이어마허를 따르는 이들도 있고, 리츨이나 하르낙 같은 자유주의자들처럼 말하는 이들도 있고, 바르트나 판넨베르크가 말하는 것과 똑같이 말하는 이들이 있습니다. 우리가 현대 신학자들이 주장하는 바를 정확히 꿰뚫고 있다면, 새롭게 출현하는 신학들의 현주소를 파악할 수 있고, 그런 신학들에 의해 호도될 수 있는 교인들에게 바른 길을 제시할 수 있습니다.

현대 교회가 개혁되고 갱신되려면 모든 성도들이 현대 신학을 분명히 알아야 합니다. 그러려면 성도들에게 심도 있는 신학 책들을 제공해야 합니다. 누군가가 "목사도 이해하기 어려운 현대 신학 책을 성도들이 어떻게 이해할 수 있느냐? 성도는 목사에게 배우면 되지"라고 말한다면, 그는 가톨릭적으로 말하는 것입니다. 하나님의 진리는 목사도 배워야 하지만 일반 성도들도 배워야 합니다. 그렇다면 하나님의 진리를 다루는 현대 신학도 마찬가지 아닐까요?

그런 의미에서 모든 그리스도인을 위한 현대 신학 강의 시리즈를 기획하게 되었습니다. 이 시리즈는 총 세 권으로 이루어져 있습니다.

1권은 자유주의 신학을 다룹니다. 칸트, 슐라이어마허,

리츨, 하르낙의 저서들을 살펴보면서 자유주의 신학의 발원과 중심 내용을 다룹니다.

2권은 신정통주의 신학을 다룹니다. 대표적 학자인 바르트와 불트만의 신학을 소개하면서 이들의 신학이 자유주의와 정통주의를 어떤 점에서 비판하고 있는지를 보여 주고, 더불어 이들이 말하고자 하는 본래 의도를 다루며, 종교개혁 신학의 관점에서 이들의 신학을 비판할 것입니다.

3권은 몰트만과 본회퍼의 정치 신학을 다룹니다. 그리고 더 나아가 보편사 신학을 주창한 판넨베르크와 로마 가톨릭의 대표적 신학자 라너의 신학을 소개할 것입니다.

저는 현대 신학자들이 쓴 원전을 따라가면서 그들이 말하고자 했던 본래 의도를 밝히 보여 주려고 합니다. 이 책에 대한 최종적인 판단은 독자의 몫일 것입니다.

차례

감사의 글 • 7

그리스도인을 위한 현대 신학 강의를 펴내며 • 8

저자 서문 • 나는 왜 이 책을 쓰게 되었는가 • 14

1. 칸트 • 25
자유주의 신학의 길을 뚫다

2. 슐라이어마허 • 65
자유주의 신학의 길을 닦다

3. 리츨 • 111
자유주의 신학의 건물을 짓다

4. 하르낙 • 153
자유주의 신학의 건물을 완성하다

5. 최종 평가 • 193
한국 교회와 자유주의

참고문헌 • 205

저자 서문 • 나는 왜 이 책을 쓰게 되었는가?

자유주의 신학을 본격적으로 다루기 전에, 먼저 제가 어떻게 현대 신학을 접하게 되었는지를 이야기하는 게 순서일 것 같습니다.

제가 처음으로 현대 신학을 접한 것은 신학교를 다닐 때였습니다. 총신대학교 신학대학원 시절, 조직신학 교수였던 박아론 교수의 변증학 강의에서 자유주의자들이나 바르트 같은 신학자의 이름을 처음으로 듣게 되었고, 그들의 신학이 잘못되었다고 배웠습니다. 박 교수님은 현대 신학자들에 대해 흑백논리로 단순 명료하게 비판했습니다. 현대 신학자들의 신학은 모두 잘못되었고, 자유주의 신학을 받아들인 국내의 진보 진영의 신학교도 잘못되었다는 논리였습니다.

그러나 박 교수님은 진보적 성향인 미국의 페이스신학교에서 박사 학위를 받았고, 대학원 과정에서는 폴 틸리히

(Paul Tillich)나 라인홀드 니버(Reinhold Niebuhr) 같은 신학자들의 원서들을 살펴보면서 그들을 좀 더 객관적으로 비판하려고 애썼습니다. 박 교수님과 함께한 라인홀드 니버 신학과 폴 틸리히 신학 강독은 저의 신학적 지평을 넓히는 데 많은 도움이 되었습니다.

제가 현대 신학을 좀 더 깊이 탐구하게 된 계기는, 독일 하이델베르크대학교에서 철학과 신학 양 분야에서 박사학위를 마치고 돌아온 김영한 교수님의 가르침 덕분이었습니다. 김 교수님은 숭실대에서 강의하면서 현대 신학 입문서인 『바르트에서 몰트만까지』를 써서 20세기 현대 신학의 흐름을 알려 주었습니다.

김 교수님은 신학대학원 수업 시간에 독일어 원전을 가지고 본회퍼의 『윤리학』(*Ethik*) 강의를 하셨는데, 독일어를 읽을 수 있었던 저는 학생들 앞에서 발표도 하고, 현대 신학을 아는 재미에 푹 빠져 들었습니다. 하지만 김 교수님의 책과 강의는 소수의 학생들 외에는 이해하기 어려웠습니다. 이분은 현대 신학을 국내에 최초로 소개한 분이라는 명성이 있었지만, 그들의 사상을 좀 더 쉽게 풀어서 설명하지 못했습니다. 특히 현대 신학을 목양에 초점을 맞추고 적용하지 못했다는 아쉬움을 남겨 놓았습니다.

연세대 신학과 김균진 교수님에게서도 현대 신학에 대해 많은 것을 배웠습니다. 김 교수님은 기독교 조직신학에 관한 책을 몇 권 펴냈는데, 저는 그 책들에서 현대 신학자들의 사상을 다양하게 접할 수 있었습니다. 김 교수님의 책은 문체가 단순하고 명료해서 교단을 뛰어넘어 많은 학생들에게 사랑을 받았습니다.

김 교수님은 『20세기 신학사상 I』에서 칼 바르트부터 시작하여 20세기의 저명한 현대 신학자들의 사상을 좀 더 쉽게 소개하려고 애썼습니다. 그럼에도 불구하고 한계가 있었습니다. 몰트만의 제자인 교수님은 현대 신학을 너무 몰트만적으로 보고, 개혁주의 신학 관점에서 보지 않았습니다.

그리고 독일에서 공부를 마치고 온 이신건 교수님과 김명룡 교수님을 통해서도 현대 신학 사상을 접했는데, 특히 바르트의 신학에 대해 많은 것을 배우게 되었습니다. 저는 바르트, 몰트만, 본회퍼, 틸리히, 판넨베르크, 니버 같은 현대 신학자들의 책을 읽고 공부하면서 현대 신학에 대한 지평을 넓혀 갔습니다. 이후에 독일로 유학을 가서도 현대 신학자들에 관한 세미나에 참석하고 틈틈이 공부했습니다.

제가 베를린에서 현대 신학을 연구할 수 있었던 것은 하나님이 베풀어 주신 큰 축복이었습니다. 베를린은 19세기에 자유주의 신학이 태동한 곳입니다. 훔볼트대학교의 전신 베를린대학교는 당시 철학과 신학 분야에서 탁월한 피히테, 쉘링, 헤겔 등의 독일 관념론자들과 현대 신학의 아버지라 불리는 슐라이어마허, 대표적 자유주의자 하르낙이 가르치고 활동하던 곳입니다. 또한 장차 신정통주의를 시작할 바르트와 본회퍼 등이 거쳐 간 곳이기도 합니다.

20세기 후반의 독일 조직신학을 이끈 쌍두마차였던 튀빙겐대학교 교수 에버하르트 윙엘(Eberhard Jüngel)과 뮌헨대학교 교수 볼프하르트 판넨베르크(Wolfhard Pannenberg)의 강의를 들을 수 있었던 것도 하나님의 은혜였습니다. 그리고 훔볼트대학교 조직신학 교수 게스트리히와 윙엘의 친구인 크뢰트케 교수와 교제하면서 슐라이어마허의 『신앙론』과 바르트의 『로마서 강의』를 세미나에서 다뤘던 것도 감사한 일이었습니다.

독일에서 공부를 마치고 돌아온 저는, 총신대학교 일반대학원 석박사 과정의 학생들에게 현대 신학을 가르칠 기회가 있었습니다. 그때 주요 현대 신학자들의 원전을 중심으로 현대 신학 사상을 다루었는데, 학생들의 반응이 상당히 좋았습니다. 학생들이 원전으로 현대 신학을 접하고 싶어 하고, 현대 신학자들의 사상을 좀 더 쉽게 설명하면서 교회와 목양과도 연결시켜 주기를 바란다는 것을 알게 되었습니다. 그래서 이 책을 쓰게 되었습니다. 그리스도인이라면 누구나 알아야 하는 현대 신학 책을 기획하고, 가장 먼저 자유주의 신학을 다루게 되었습니다.

우리에게 알려진 자유주의 신학

보수주의 성향의 교회에서 자라난 신앙인들 가운데 자유주의 신학에 대한 비판을 들어 보지 않은 사람은 거의 없을 것입니다. 보수주의 성향의 목사들은, 참된 성도로 살아가려면 자유주의 신학을 반드시 경계해야 한다고 강단에서 누차 강조하기 때문입니다.

이들에 따르면, 자유주의 신학자들은 성경을 정확 무오한 하나님의 말씀으로 믿지 않고, 하나님의 율법을 지키지 않으며, 세상과 조화하면서 자유롭게 살아가는 이들입니다. 자유주의자들은 기존 교회가 강조하는 성경 중심, 교회 중심, 주일 성수, 십일조, 새벽 기도 같은 주요 신앙 가치에 어긋나게 살아가는 사람들입니다. 물론, 자유주의 신학에 관한 저명한 책들을 읽고 나름대로 객관적으로 평가하는 목사들도 아주 드물지만 있습니다.

정통 보수 교회의 목사들이 대표적 자유주의자로 뽑는 사람은 스위스 신학자 칼 바르트(Karl Barth)입니다. 바르트는 자유주의자가 아니라 자유주의를 가장 강력하게 비판하는 신정통주의자인데, 국내의 일부 목사들은 바르트를 자유주의자의 태두로 봅니다.

하지만 그들은 진짜 자유주의자인 리츨, 하르낙, 트뢸치 같은 독일 신학자들에 대해서는 체계적으로 비판하지 못합니다. 본격적으로 현대 신학 공부를 하면서 이 사실을 알게 된 저는 아주 큰 충격을 받았습니다. 또한 일부 신학자들은 자유주의 신학자들이나 바르트를 그들의 저서를 중심으로 체계적으로 비판하지 않고 피상적 비판만 일삼았기 때문에 저는 그들의 말을 받아들이기 어려웠습니다.

저와 같은 고민을 하는 독자들을 염두에 두고 이 책을 썼습니다. 목회자들과 신학생들 그리고 신학을 탐구하는 성도들에게 자유주의 신학을 제대로 알려 주고, 그들이 자유주의 신학을 좀 더 객관적으로 비판하도록 돕고 싶습니다.

그러면 자유주의 신학이란 무엇일까요? 세계적 권위를 가진 신학 사전들에는 자유주의 신학의 여러 가지 특징이 잘 나와 있습니다. 그런 사전들을 읽기만 해도 자유주의를 개괄적으로 이해할 수 있습니다. 대체로 사전에서 정의하는 자유주의는 다음과 같습니다.

자유주의는 정통 교회가 중요하게 여기는 여러 가지 신학적 가치들을 부정합니다. 정통 교회는 성경의 완전 영감론을 믿지만 자유주의자들은 영감론을 받아들이지 않습니다. 성경은 인간들이 기록한 책이므로 역사적으로나 과학적으로 틀린 부분이 있다고 여깁니다. 그와 동시에 진화론에 대해서는 열린 태도를 보입니다. 신앙은 과학과 다른 영역이기 때문에 성경이 과학적으로 틀려도 신앙을 가질 수 있다고 생각합니다.

자유주의자들은 정통 교회에서 추구하는 이성을 가지고 신의 존재를 증명하려는 유신론적 신 존재 증명을 반대하고, 이런 맥락에 있는 모든 종류의 추론 신학도 반대합니다. 실증주의적 역사관을 받아들여서 기독교도 역사를 통해 증명될 수 있는 하나의 실증종교(實證宗敎, Positive Religion)로 보고 연구하려 합니다. 따라서 성경도 하나의 역사책으로 보고 일반 역사책을 연구하듯 역사비평학적 방법(historische kritische Methode)으로 연구하려 합니다. 그러나 역사비평학은 이성의 척도로 성경 진리를 판단하므로, 성경에 나오는 기적들을 믿지 않거나 그리 중요하게 다루지 않습니다.

더 나아가 정통 교회에서는 교리나 신앙고백을 중요하게 생각하지만, 자유주의자들은 교리나 신앙고백은 별로 중요하지 않고 개인의 종교 체험이 중요하다고 말합니다. 그러므로 교회를 다니지 않아도 얼마든지 신앙생활을 할 수 있다고 말합니다.

자유주의자들은 성경에서 인류에게 사랑을 깨우치는 부분이나 인류의 도덕적 진보를 말하는 산상수훈을 중요하게 여깁니다. 성경이 인류의 계몽, 역사의 진보, 문화의 진전에 큰 도움이 되는 책이라고 여깁니다. 하지만 예수님의 동정녀 탄생, 십자가의 죽음, 부활 등 이른바 정통 교회가 주장하는 복음의 핵심은 주변 언저리로 밀어냅니다. 예수님을 계시의 전달자이자 도덕의 나라인 하나님 나라의 창시자 정도로 이해하려 합니다. 이들은 인간에 대한 낙관적 입장을 가지고 있기 때문에 인간의 타락이나 원죄 같은 전통적 교리는 받아들이지 않습니다.

또한 자유주의자들은 경건주의자들처럼 기독교 신앙을 개인의 경건에만 머무르게 하는 데 만족하지 않습니다. 기독교는 도덕 종교로서 이 세상의 도덕을 개선시키는 데 기여해야 하고, 문화 종교로서 사회의 문화적 발전을 위해 힘쓰며 이 사회를 정의와 사랑의 나라인 하나님 나라로 만들어 가는 데 기여해야 한다고 주장합니다.

이들은 기독교의 유일성과 절대성을 주장하지 않습니다. 기독교만 진리를 가지고 있다고 주장하지 말고, 기독교가 타종교보다 상대적으로 우월한 종교라고 주장해야 한다고 말합니다. 그러므로 기독교는 타종교에 관용적 태도를 보여야 한다고 말합니다. 이 점에서 에른스트 트뢸치(Ernst Troeltsch)는 대표적 학자입니다.

이들은 성도들이 교회 중심으로 신앙생활하는 것을 반대합니다. 비록 교회에 가지 않더라도 자신의 신앙 양심에 근거하여 이웃 사랑을 실천하면 된다고 말합니다. 또한 세례나 성만찬 등 교회의 표지가 되는 의식을 중요하게 여기지 않습니다.

자유주의가 가진 이런 특징들에 대해 말하면서 저는 아쉬운 부분이 있습니다. 이런 사전적 정의가 자유주의의 본모습을 정확하게 전달하는 데 여러모로 부족하기 때문입니다. 자유주의자들이 말한 것을 그들이 쓴 책들을 중심으로 파악하지 않아서 그들의 의도와 다르게 이해하는 경우도 있고, 그들이 말한 것을 왜곡시킬 수도 있습니다. 하지만 그들이 쓴 책들을 중심으로 그들의 사상을 객관적으로 탐구한다면, 이런 왜곡을 바로잡을 수 있습니다. 또한 우리가 이미 사전을 통해 알고 있는 사실을 더 분명히 이해하게 될 것입니다.

자유주의를 제대로 이해하려면, 대표적 자유주의자들의 생애와 저작을 자세히 살펴봐야 합니다. 국내 보수주의 목사들은 그레샴 메이첸(J. Gresham Machen) 박사가 쓴 『기독교와 자유주의』(*Christianity and Liberalism*)를 통해 자유주의 신학을 이해하려 합니다. 하지만 그가 아무리 책을 잘 썼다 하더라도 우리는 그 책이 자유주의를 평가하는 것에만 머물러 있어서는 안 됩니다. 우리가 직접 자유주의 신학자들이 쓴 책들을 읽고 연구해야 합니다.

그러면 어떻게 시작해야 할까요? 먼저 계몽주의의 완성자이자 자유주의 신학의 토대를 놓은 철학자 칸트의 종교관과 기독교에 대한 이해를 살펴봐야 합니다. 그런 다음 현대 신학의 창시자이자 자유주의 신학을 시작한 슐라이어마허의 사상을 탐구해야 합니다. 이 두 사람에 대한 연구는, 현대 신학이 어떻게 시작되었는지를 아는 데 있어서 매우 중요합니다.

국내의 현대 신학 연구가들이 칸트와 슐라이어마허 같은 19세기 사상가들을 제쳐 두고, 20세기의 바르트 신학부터 연구하는 것은 매우 안타까운 일입니다. 20세기 현대 신학을 이해하려면 먼저 19세기 신학자들을 이해하는 것이 필수적입니다.

그러므로 우리는 칸트와 슐라이어마허의 사상부터 제대로 살펴보려고 합니다. 그리고 그 토대 위에서 대표적 자유주의자인 리츨과 하르낙을 살펴볼 것입니다. 트뢸치를 비롯한 더 많은 자유주의자들의 책들을 살펴봐야 하지만, 자유주의 신학은 리츨과 하르낙의 신학에서 핵심적 특징이 드러나기에 이들만으로도 충분하다고 생각합니다. 그러면 이제 임마누엘 칸트가 말하는 종교와 기독교에 대한 입장부터 살펴보겠습니다.

1장

칸트

(1724-1804)

자유주의 신학의 길을 뚫다

Immanuel Kant

◆ 이 장을 읽기 전에 알아두면 좋은 개념

순수이성과 실천이성
칸트 철학의 기본 개념이다. 그는 이성을 순수이성과 실천이성으로 구분한다. 순수이성은 경험으로부터 독립하여 어떤 것을 선천적으로 인식하는 능력을 말하고, 실천이성은 도덕적 실천의 의지를 규정하는 이성을 말한다.

신의 존재 증명 방법 3가지
존재론적 증명 신의 개념으로부터 그 존재를 증명하려는 방법이다. 신은 완전해야 하며 그 완전성 안에는 존재라는 성질이 포함되어야 한다. 만약 그렇지 않다면 완전성이 결여된 것이므로 신은 존재해야만 한다는 것이다. 안셀무스가 주로 사용한 증명 방법이다.

우주론적 증명 자연이 존재한다면 그 창조자가 있어야 한다는 생각에 바탕을 두고 있다. 자연계의 인과 관계를 따라 거슬러 올라가서 결국 궁극적 원인으로 신의 존재를 논증하려 한다. 토마스 아퀴나스가 주로 사용한 증명 방법이다.

목적론적 증명 이 세상의 모든 사물은 질서를 가지고 있으며 신이 그 질서를 부여했다고 파악한다. 그러므로 창조자인 신의 존재가 필연적이라고 증명하는 방법이다. 물리신학적 증명이라고도 한다.

왜 칸트부터 시작하는가?

"현대 신학 탐구를 시작하면서 왜 신학자가 아닌 철학자 칸트부터 다루는가?" 그 이유는 현대 신학의 형성과 발전에 칸트가 끼친 영향이 아주 크기 때문입니다. 칼 바르트는 자신의 책 『19세기 개신교 신학』(*Die protestantische Theologie im 19. Jahrhunderte*)에서 칸트를 이렇게 평가합니다.

> 이 사람(칸트)과 이 사람의 중요성은 무엇이었는가?…이 사람 안에서 그리고 이 작품(1781년에 발행된 『순수이성비판』) 속에서 18세기는 자신의 한계를 보았고 이해했으며 수긍했다.[1]

바르트의 이 말에는, 칸트가 『순수이성비판』(*Kritik der reinen Vernunft*)을 비롯한 자신의 책들을 통해 인류의 미래에 대한 낙관적 생각에 사로잡혀 있던 계몽주의 시대를 정리하고, 더 나아가 그 시대를 극복했다는 생각이 담겨 있습

---

1. Karl Barth, *Die protestantische Theologie im 19. Jahrhunderte*, 6. Auflage, Theologischer Verlag Zürich 1994, 237.

니다.[2]

칸트는 일반 역사뿐 아니라 기독교 역사도 바꾼 사람입니다. 기독교 역사를 살펴보면, 칸트 이전의 기독교와 칸트 이후의 기독교는 아주 큰 차이가 납니다. 그러므로 현대 신학을 본격적으로 논하기 전에 칸트가 기독교를 어떻게 이해했는지부터 살펴봐야 합니다.

칸트에 대해 자세히 다루기 전에 우선적으로 생각할 점은, 그가 여러 형태의 기독교를 비판했다는 것입니다. 칸트는 정통 교리를 강조하는 정통주의 신학을 비판하고, 개인의 경건한 삶을 강조하는 경건주의를 비판하며, 더 나아가 신의 뜻을 실천하기보다는 이성으로 신의 존재를 증명하려 한 사변적 신학도 비판합니다. 그는 이런 비판으로 그치지 않고 자신의 독특한 종교관을 고안해 냅니다.

칸트는 종교도 '이성의 한계 내에서' 논해야 한다는 전제에서 출발합니다. 이성으로 입증할 수 있는 것만 종교적 고찰의 대상에 넣으려 합니다. 그래서 성경을 볼 때도 이성의 합리적 사고를 통해 입증되었다고 여기는 것만 진리로 인정하고, 성경에 나오는 수많은 기적과 초자연적 현상은 이성을 통해 입증할 수 없으므로 인정하지 않습니다. 그러나 산상수훈처럼 인류의 도덕에 대해 가르치는 예수님의

---

2. Barth, *Die protestantische Theologie im 19. Jahrhunderte*, 237.

가르침은 받아들여야 한다고 주장합니다.

칸트는 인간 안에는 경험 이전에 생득적으로—그가 자주 쓰는 표현인 선험적(先驗的, transzendental)으로—주어져 있는 도덕법칙과 도덕적 명령이 있는데, 이것들은 이론이성으로는 이해할 수 없는 것들이라고 말합니다. 그러면 앞에서 말한 그의 논리대로라면, 그런 법칙과 명령이 존재한다는 것을 우리가 받아들일 수 없습니다. 그런데 그는 철학을 전공하지 않은 사람들이 듣기에 이해하기 어려운 논리를 내놓습니다.

그는 이런 도덕법칙을 이론이성 혹은 순수이성(Die reine Vernunft)으로 입증할 수 없다 해도, 실천이성(Die praktische Vernunft)으로는 이해할 수 있다고 말합니다. 가령 "도둑질하지 말라"는 계명은 이성과 경험의 법칙을 통해 우리가 증명할 수 없다 해도, 적어도 이성적으로 사유하는 인간이라면 반드시 실천해야 하는 진리로 받아들일 수밖에 없다는 것입니다. 그는 이런 계명들을 실천해야 인류가 꿈꾸는 도덕 사회를 이룰 수 있음을 선험적으로 알기 때문이라고 말합니다.

칸트는, 예수님을 믿는 사람들에게 주어진 도덕적 명령과 인간 안에 선천적으로 주어진 도덕적 명령은 서로 상충하지 않는다고 봅니다. 그리고 이런 도덕적 명령과 전혀 다르지 않은 예수님의 명령이 성립되려면, 반드시 신, 자유,

영혼의 불멸 같은 것의 존재가 요청(Postulat)되어야 한다고 말합니다. 다시 말해 신, 자유, 영혼의 불멸은 이성의 한계 밖에 있으므로 이성으로는 증명할 수 없지만, 이 땅에 도덕 사회를 이루기 위해서 반드시 요청되어야 하는 것으로 봅니다.

눈치 빠른 독자는 이미 간파했겠지만, 칸트에게 종교보다 더 중요한 것은 도덕(Moral)입니다. 그는 "도덕이 종교를 위해 존재하는 것이 아니라, 종교가 도덕을 위해 존재해야 한다"고 주장합니다. 종교가 주인이 아니라 도덕이 주인이 되어야 한다는 것입니다. 인류가 행복해지려면, 각자 자기 안에 선천적으로 주어진 도덕법칙과 양심의 명령에 따라 자기 의무를 충실히 이행하여 이 세상에 도덕 사회를 이루어야 한다고 말합니다. 이 도덕 사회를 이루기 위해 종교가 필요하고 신, 자유, 영혼의 불멸이 요청되어야 한다는 것입니다.

이성에 근거한 합리적 성경 이해와 도덕 중심의 하나님 나라에 대한 칸트의 이해는, 이후의 현대 신학자들에게—특히 자유주의 신학자들에게—결정적 영향을 끼칩니다. 칸트가 성경에 나오는 수많은 기적들을—기독교 신앙의 골격을 이루는 성육신, 십자가, 부활 등의 기적들을—강조하지 않았듯, 자유주의자들도 그런 기적들을 강조하지 않았습니다. 반면에 그가 강조한 도덕적 의무는 자유주의자들도 강조합니다. 도덕 사회를 실현하는 것을 하나님의 나라로 보려는 태도는 자유주의자들뿐 아니라, 이후의 현대 신학자들에게도 나타납니다. 19세기 이후의 현대 신학은 진정한 의미에서 칸트를 극복하지 못하고 있습니다. 칸트가 현대 신학의 형성과 발전에 지대한 영향을 끼쳤기 때문입니다.

생애와 주요저서

칸트는 1724년 4월 22일 동프로이센 제국의 쾨니히스베르크(Königsberg)에서 태어났습니다. 쾨니히스베르크는 오늘날 백러시아의 칼리닌그라드입니다. 이 도시는 프로테스탄트를 신봉했고 루터교가 뿌리내린 곳입니다.

    칸트는 가죽 제조공인 아버지의 넷째 아들로 태어났습니다. 그의 부모는 경건주의의 영향을 받은 루터교인이었습니다. 태어난 지 이틀 만에 유아세례를 받은 그는 에마누엘(Emanuel)이라는 세례명을 받았습니다. 어머니는 그가 경건한 그리스도인이 되기를 바라며 가문의 책에 이렇게 기록했습니다. "이 아들이 예수 그리스도를 위해 행복하게 이 세상을 마칠 때까지, 하나님께서 이 아들에 대한 언약을 지키시기를 소망합니다."

    그러나 칸트는 일찍부터 부모의 뜻을 저버리고 신학 대신 철학을 선택했고, 성인이 되자 자신이 몸담았던 교회까지 떠났습니다. 그리고 『계몽주의란 무엇인가?』(*Was ist Aufklärung?*)를 써서, 계몽주의의 필요성을 설파합니다. 그는 이 책에서 계몽주의의 한계를 극복하고, 이론적 형이상학 대신에 실천적 윤리에 관심을 가집니다. 이 책을 통해 그의 이름이 점점 알려지기 시작했습니다.

세계 철학사에 그를 혜성같이 데뷔하게 만든 책은 『순수이성비판』입니다. 1781년에 출간한 이 책에서 그는 당시 대륙의 관념론과 영국의 경험론이 가진 문제점을 보완하여 인식론의 새로운 지평을 열었습니다. 데이비드 흄(David Hume) 같은 회의주의자들로 인해 무너져 가던 형이상학을 구하고, 인식의 회의주의를 극복했습니다. 흄은 신, 자유, 영혼의 불멸 같은 형이상학적 주제는 인간이 경험으로 증명할 수 없으므로 "그것들은 이러이러하게 존재한다"는 정언 문장을 쓸 수 없다고 말했습니다. 하지만 칸트는 그것들은 경험으로 확인할 수는 없지만, 실천이성을 통해 입증할 수 있다고 보았습니다.

칸트는 1785년에 『도덕 형이상학의 기초』(*Grundlegung der zur Metaphysik der Sitten*)를, 1788년에는 『실천이성 비판』(*Die Kritik der praktischen Vernunft*)을, 1790년에는 『판단력 비판』(*Die Kritik der Urteilskraft*)을, 1793년에는 『이성의 한계 안에서의 종교』(*Die Religion innerhalb der Grenzen der blossen Vernunft*) 등 기념비적인 저작을 내놓으며 그의 이성 종교를

종합적으로 제시합니다. 또한 〈베를린 월간소식〉(*Berlinische Monatsschrift*)을 창간하여 당시 프로이센의 수도였던 베를린의 지식인들에게 계몽주의를 전파하고, 타락한 성직자들과 기성 교회들을 비판했습니다.

우리는 먼저 칸트의 대표작이자 기존의 종교관을 전복시킬 정도로 지대한 영향을 끼친 『순수이성비판』을 살펴보면서 그의 종교관을 개괄적으로 파악할 것입니다. 그다음에 『이성의 한계 안에서의 종교』를 통해 그의 종교관과 기독교에 대한 생각을 정리할 것입니다.

종교와 기독교 신앙에 대한 이해

이 부분은 이 책에서 가장 어려운 내용일 수 있습니다. 신학자들에게도 결코 쉽지 않은 내용이라서, 일반 성도들이 읽는다면 책을 덮고 싶은 마음이 들 수 있습니다. 하지만 이 부분을 읽으면서 지금까지 현대 신학 책들을 읽을 때 알지 못해서 답답했던 개념이 정리되면서 희열을 느낄 수도 있을 것입니다. 만약 이 부분을 이해하지 못한다 해도 뒤의 내용을 이해하는 데 큰 지장은 없습니다. 그러므로 진리를 찾는 여러분이여, 안심하고 읽기 바랍니다.

『순수이성비판』에 나타난 종교관

『순수이성비판』에서 칸트의 종교관을 들여다볼 수 있는 부분은 "순수이성의 이상"을 다루는 부분입니다.[3] 그는 이 장에서 인간 이성의 한계를 분명히 정하고 신이 존재한다는 사실을 이성으로 증명할 수 없음을 분명히 말합니다. 당시 라이프니츠(Leibnitz)와 헤겔 등 독일 관념론 철학자들에 의해 복원되고 있던 스콜라 신학적인 사변적 신학(Spekulative Theologie)을 비판합니다.

이런 맥락에서 그는 중세로 거슬러 올라가 중세의 대표적 스콜라 신학자들의 '이성을 통한 신 존재 증명'을 비판합니다. 안셀무스(Anselm)나 토마스 아퀴나스(Thomas von Aquin) 같은 신학자들은 성경 계시를 통하지 않고 합리적 이성의 추론으로 하나님의 현존을 증명할 수 있다고 믿었습니다. 우리는 이들을 스콜라 신학자라고 부릅니다. 칸트는 스콜라 신학의 이성을 통한 신 존재 증명의 시도가 잘못되었다고 비판합니다.

---

3. Immanuel Kant, *Kritik der reinen Vernunft*, Felix Meiner Verlag, Hamburg 1956. I. Transzendentale Elementarlehre: Zweiter Teil. Zweiter Abteilung, 3 Hauptstück: Das Ideal der reinen Vernunft, 548-604.

1) 칸트는 종래의 신 존재 증명 방법을 비판한다.

❶ 하나님의 현존(現存)을 존재론적으로 증명하는 것이 불가능하다.

철학이나 신학을 전공하지 않은 사람들이 '존재론적 증명'이란 말을 들으면 머리가 아픕니다. 용어가 철학적이라서 어렵고, 또 그런 것을 꼭 알아야 하는지 의문이 듭니다. 하지만 이런 말을 이해하지 못하면 현대 신학자들의 사상을 이해하기 어렵습니다. 울며 겨자 먹기 식으로라도 이해하려고 애써야 합니다. 일단 이해하고 나면, 이런 존재론적 증명 방법을 안다는 생각에 자부심이 생길 것입니다.

칸트는 안셀무스가 주로 사용한 존재론적 증명 방법으로는 하나님의 현존을 증명할 수 없다고 말합니다.[4] 여기서 우리가 알아야 할 것이 있는데, 안셀무스가 자신의 신 존재 증명을 존재론적 증명이라고 명명하지 않았고, 칸트가 존재론적 증명(ontologische Gottesbeweise)이라고 불렀다는 사실입니다.

안셀무스가 자신의 대표작 『프로슬로기온』(*Proslogion*)에서 말한 내용은 이렇습니다. "이성은 자신 안에서 생각할 수 있는 지고의 존재를 경험하기에 앞서서 순수하게 머릿속에서 그 존재를 발견한다. 그러나 이 본질이 단지 이성의 사유 안에서만 존재한다면, 지고의 존재는 존재하지 않

---

4. Kant, *Kritik der reinen Vernunft*, 567-575.

는 것이다. 왜냐하면 그렇게 된다면 사유 안에서뿐 아니라 현실에서도 존재하는 하나의 더 높은 본질을 생각할 수 있기 때문이다. 그러므로 지고의 본질의 이데아는, 이것이 이성 안에서뿐 아니라 현실에서도 존재할 것을 요구한다."[5]

안셀무스의 신 존재 증명은 즉각적으로 비판에 부딪쳤습니다. 반대자들은 이렇게 말했습니다. "그러면 우리가 머릿속으로 섬을 생각하고 있다면, 섬이 반드시 존재해야 하는데 꼭 그렇지만은 않다." 안셀무스는 모든 피조물에 대해서는 이런 주장이 맞지만, 하나님만은 예외적으로 우리의 생각에서뿐 아니라 실제로도 존재한다고 주장했습니다.

그는 인간은 선험적(apriologisch) 사유 과정을 자신 안에 이미 가지고 있다고 봅니다. 즉 모든 불완전한 것은 전체 존재에 앞서는 완전한 것을 전제해야 한다는 것입니다.[6] 그러므로 존재론적 증명이란, 신은 우리 경험의 증명과 상관없이 이미 존재하고 있으며, 우리는 이 사실을 선천적으로 머릿속에서 알고 있고, 또 신의 존재가 전제되어야 이 세상의 모든 존재도 존재할 수 있다는 것을 말합니다.

칸트는 안셀무스의 이성을 통한 존재론적 신 존재 증명은 분명히 반대하지만, 우리가 신의 존재를 전제한다면 신

---

5. Johannes Hirschberger, *Geschichte der Philosophie, Band I, Altertum und Mittelalter*, Verlag Herder, Freiburg im Breigau, 405.
6. Hirschberger, *Geschichte der Philosophie I*, 407.

은 전능해야 한다고 주장합니다. "신은 전능하다. 이것은 필연적 판단이다. 여러분이 신성을, 곧 무한한 존재자를 정립한다면 그 개념은 전능이라고 하는 개념과 같다. 그렇기 때문에 전능이라는 것은 배제될 수 없다. 그러나 신은 존재하지 않는다고 말한다면, 전능이라는 것도, 신에 대한 그 밖의 어떤 술어도 주어지지 않는다. 왜냐하면 그것의 술어는 모든 주어와 함께 배제되고, 이 생각에는 아무런 모순도 보이지 않기 때문이다."[7]

칸트는, 성경에서 신이 전능하다고 계시하기 때문에 전능한 것이 아니라, 이성 사유의 필연성으로 인해 신은 존재해야 하고 전능해야 한다고 말합니다.

❷ 하나님의 현존을 우주론적으로 증명하는 것이 불가능하다.

우주론적 증명은 토마스 아퀴나스가 주로 사용했던 방법입니다. 아퀴나스는 신에게 이르는 다섯 가지 길을 제시합니다.[8] 그는 이성이 우리 안을 살펴봄으로써가 아니라 우리 밖의 피조세계를 고찰함으로써 신이 존재한다는 것을 알 수 있다고 가르칩니다.

첫째, 운동으로부터의 증명(ex parte motus)입니다. 이것은 아퀴나스가 아리스토텔레스에게서 빌려 온 것입니다.

---

7. Kant, *Kritik der reinen Vernunft*, 569.
8. Thomas Aquinas, *Summa theologiae. I*, 2, 3; S. c. g, I, 13. (『신학대전』 바오로딸)

운동하는 모든 것은 다른 것들에 의해 움직여져야 하는데, 그 이유는 아무것도 스스로 움직일 수 없기 때문이라고 말합니다. 그러므로 자신은 움직이지 않으면서 만물을 움직이는 존재가 있어야 하는데, 그 존재가 신이라는 것입니다.

둘째, 활동 원인으로부터의 증명(ex ratione causae efficientis)입니다. 이 증명은 만물의 활동 원인을 고찰합니다. 즉 모든 원인은 다른 원인들에 의해 야기되며 계속 거슬러 올라가다 보면 마지막 원인을 상정해야 하는데, 이 마지막 원인이 신이라고 말합니다.

셋째, 우연성과 필연성으로부터의 증명(ex possibili et necessario)입니다. 그는 모든 존재는 우연적(kontingenz)으로 존재하는데, 그러나 한 존재가 우연적으로만 존재한다면 정말로 존재한다고 말할 수 없다고 합니다. 그러므로 자신으로부터 혹은 바깥으로부터 필연적인 한 존재가 있어야 하는데, 그 필연적인 존재가 신이라는 것입니다.

토마스 아퀴나스는 이 세 가지 증명 방법을 우주론적 증명(Kosmologischer Gottesbeweis)이라고 말합니다.

넷째, 완전성 단계로부터의 증명(ex gradibus perfectionum)입니다. 이 증명은 더 많거나 혹은 더 적은 완전성 배후에 있는 하나의 지고의 완전성을 바라봅니다. 이 지고의 완전성은 우리가 더 많거나 혹은 더 적은 완전성에 대해 말할 수 있도록 전제된 척도를 제공합니다. 그런데 이 지고의 완전성은 동시에 가치 있는 것 일반의 모든 것에 대한 근거인데, 바로 이 지고의 완전성이 신이라는 것입니다.

다섯째, 세계 질서로부터의 증명(ex gubernatione mundi)입니다. 이것은 목적론적 증명입니다. 세계에는 질서와 목적 추구성이 있고, 이러한 합목적성이 설명될 수 있는 지고의 지성이 있어야 한다는 것입니다. 아퀴나스는 신 개념이 선천적 개념이라는 입장을 거절했습니다. 즉 안셀무스처럼 하나님이 직접 보일 수 있다는 생각에 동의할 수 없었습니다.[9]

하지만 칸트는 아퀴나스의 신 존재 증명을 정면으로 비판했습니다. 인간이 이성을 가지고 신이 만든 피조세계를 사변적으로 고찰한다고 해도 신이 현존한다는 사실을 증명할 수 없다고 보았습니다. 칸트는 이 책에서 라이프니츠 같은 독일 관념론자들을 비판합니다. 스피노자와 데카르트 그리고 라이프니츠로 이어지는 이성을 통한 신 존재 증명에 대한 확신을 비판합니다. 특히 라이프니츠의 신 존재 증명이 중세의 아퀴나스의 신 존재 증명과 같은 맥락에 있다고 보며 그를 비판합니다. 라이프니츠는 모든 것은 모든 것을 알고 지배하는 하나의 완전한 신 없이는 생각될 수 없으며, 그 완전한 신이 바로 하나님이라고 말했습니다.[10]

---

9. Hirschberger, *Geschichte der Philosophie I*, 501-503.
10. Hirschberger, *Geschichte der Philosophie II*, 166-167.

칸트는 라이프니츠도 플라톤과 아리스토텔레스나 아퀴나스처럼 순수하게 사변 이성을 통해 신을 증명하려는 실수를 범했다고 지적합니다. 그러면 칸트는 이성을 통한 신 존재 증명의 노력을 전적으로 부정하는 것인가요? 아니요. 결코 그렇지 않습니다. 그는 이성을 통한 증명 방법이 가진 한계를 지적하는 것일 뿐입니다. 칸트는 우리가 신의 현존을 우주론적 증명으로 입증할 수 없다 해도, 다만 그런 오묘한 법칙으로 세계를 창조하고 보존하는 신을 '요청'(Postulat)해야 한다고 말합니다. '요청'은 칸트가 즐겨 사용하는 용어입니다.[11]

❸ 신의 현존을 자연신학적(Physikotheologischer Gottesbeweis)으로 증명하는 것이 불가능하다.

칸트는 신이 이 세계를 창조했다는 전제 아래, 물리적 세계 질서 파악을 통해 신의 현존을 증명하려고 하는 자연신학적 증명으로도 신의 현존을 증명할 수 없다고 말합니다.[12] 자연신학적 증명은 17세기 이후 유럽과 미국의 개신교 정통 교회가 즐겨 사용한 신 존재 증명 방법입니다. 그들은 성경 계시가 과학적으로나 역사적으로 옳다는 것을 이성으로 증명할 수 있다는 확신으로 이 방법을 사용했습니다. 이 유

---

11. *Von der Unmöglichkeit eines kosmologischen Beweises vom Dasein Gottes*, 576.

12. *Von der Unmöglichkeit des physikotheologischen Beweises*, 588-596.

신론적 신 존재 증명 방법은 미국의 구프린스턴 신학자들인 핫지(C. Hodge)나 워필드(B. Warfield) 등에 의해 꽃을 피웠습니다.

칸트는 이 방법의 장점을 찬양하는 데 많은 지면을 할애합니다. 자연 경탄에 대한 그의 글이 매우 아름다워 여기에 소개합니다.

> 현 세계는 우리에게 다양성과 질서, 합목적성과 미(美) 등과 같은 측량할 수 없는 연극을 보여 주고 있다. 우리는 이러한 것들을 무한한 공간에서, 또는 공간의 무제한적인 한 부분에서 추구할 수 있을지도 모른다. 그래서 우리의 연약한 오성이 그에 대해 얻을 수 있었던 지식으로 생각하더라도 너무나 많은 그리고 예상할 수 없을 정도로 큰 경이로움에 대해서는 모든 언어가 그 힘을 잃고, 모든 수가 그 헤아리는 힘을 잃으며, 우리의 사고마저도 모든 한계를 잃어버릴 정도다. 그리하여 세계 전체에 관한 우리의 판단은 무언의, 그러나 더욱더 웅변적인 경탄으로 변할 수밖에 없다.
>
> 우리는 도처에서 결과와 원인, 목적과 수단의 연쇄, 그리고 생성과 소멸의 합법칙성을 본다. 그리고 아무것도 제 스스로 현 상태에 이르게 된 것은 없으므로, 이 상태는 점점 거슬러 올라가 그 원인으로서의 다른 사물을 지시하고, 원인은 바로 같은 물음을 필연적으로 발하게 된다. 그 결과, 이 무한한 우연적인 것 밖

에서 그 자신이 근원적이고 독립적으로 존재하여 우연적인 것을 지지하고, 근원의 원인인 동시에 우연적인 것에 그 지속을 보증하는 어떤 것을 요청하지 않는다면, 모든 것은 이같이 무의 심연으로 빠지지 않을 수 없다. 우리는 이 최고의 원인을 얼마나 큰 것으로 생각해야 하는가?[13]

칸트는 이 자연신학적 증명은 최고 창시자에 대한 신앙을 불가항력적 확신에까지 증대시킴으로 인해 항상 경외심을 가지고 언급할 가치가 있으며, 이 방법은 가장 오래되고 가장 분명하고 공동의 인간 이성에 가장 적합한 방법이라고 극찬합니다.[14]

이러한 찬양에도 불구하고 칸트는 자연신학적 증명이 지닌 한계를 분명히 지적합니다. "자연의 경이나 세계 구조의 장엄함을 한 번 봄으로써, 마치 꿈에서 깨어나듯 하찮은 일을 골똘히 생각하는 망설임에서 깨어나 양에서 양으로 올라가 마침내 최대의 것에 이르게 된다. 또 피제약자로부터 제약자로 올라가 마침내 최고의 무제약자인 창시자에 이르게 된다. 우리는 이런 증명 방법의 합리성과 유용성에 반대할 것이 아니라, 오히려 추천하고 격려해야 한다." 그러나 이 증명이 필연적 확실성을 요청하거나, 어떤 호의

---

13. *Von der Unmöglichkeit des physikotheologischen Beweises*, 589-590.
14. *Von der Unmöglichkeit des physikotheologischen Beweises*, 590-591.

나 지지도 전혀 필요하지 않은 찬성을 요청한다고 해서 그 요청까지 들어줄 수는 없다고 말합니다.

> 그리하여 나는 이렇게 주장한다. 자연신학적 증명은 최고 존재자의 현실적 존재를 증명할 수 없으며, 오히려 이 증명의 결함을 보충하는 일은 존재론적 증명에 맡기지 않으면 안 된다. 존재론적 증명은 언제나 인간 이성이 간과할 수 없는, 적어도 사변적 증명만이 성립하는 한, '오직 하나의 가능한 증명 근거'를 포함하고 있다.[15]

그는 자연신학적 증명이 밝힐 수 있는 것은, 기껏해야 자신이 가공하는 소재의 목적에 대한 적합성 여부에 따라 크게 제한을 받는 세계 건축사 정도이지, 그 이념에 모든 것이 종속하는 세계 창조자는 아니므로 우리가 품고 있는 큰 의도를―즉 모든 것을 충족시키는 근원적 존재자를 증명하려는 의도를― 채우기에는 불충분하다고 말합니다.[16]

칸트는 자연신학의 한계를 지적하면서 경험적 방법의 한계를 인정하고 선험적 방법에 의존하여 신의 현존을 증명해야 한다고 강변합니다.

---

15. *Von der Unmöglichkeit des physikotheologischen Beweises*, 591-592.
16. *Von der Unmöglichkeit des physikotheologischen Beweises*, 593.

그러므로 자연신학은 최고의 세계 원인에 관해 어떤 명확한 개념을 주지 못한다. 따라서 다시금 종교의 기초를 이뤄야 할 신학 원리에 대해 충분한 것이 되지 못한다. 경험의 방법으로는 절대적 전체성에 도저히 이를 수 없다. 그럼에도 불구하고 사람들은 자연신학적 증명에서 이 길을 밟고 있다. 그렇다면 이렇게 넓은 간극을 뛰어넘기 위해 사람들은 어떤 수단을 사용하는 걸까?⋯ 실제로는 그 의도를 순수이성에 의해 완수한다.[17]

칸트는 이어서 이렇게 말합니다.

이리하여 최고 존재자로서의 유일한 근원적 존재자의 현실적 존재에 관한 자연신학적 증명의 근거에는 우주론적 증명이 있고, 우주론적 증명의 근저에는 존재론적 증명이 있다. 그리고 이 세 가지 증명 외에는 어떤 방법도 사변적 이성에 대해 열려 있지 않다. 그러므로 만일 이같이 모든 경험적 오성의 사용을 초월한 명제의 증명이 가능하다면, 순수이성 개념으로부터 이루어지는 존재론적 증명이 단 하나의 가능한 증명이 될 것이다.[18]

칸트는 중세의 스콜라 신학자들이 신의 존재를 증명하기 위해 사용했던 우주론적 증명, 자연신학적 증명, 존재론

---

17. *Von der Unmöglichkeit des physikotheologischen Beweises*, 594-595.
18. *Von der Unmöglichkeit des physikotheologischen Beweises*, 596.

적 증명을 언급하면서 이런 방법들이 가져다주는 유익을 충분히 인정합니다. 하지만 이런 방법으로는 신의 현존을 증명할 수 없다고 말합니다.

2) 칸트는 이성의 추론적인 모든 신학을 비판한다.

칸트가 본격적으로 자신의 종교관을 피력하는 부분은 "순수이성의 이상" 장에 나오는 일곱 번째 부분입니다. "이성의 추론적인 원리들의 모든 신학의 비판"이라는 제목으로 시작하는 글에서, 우리는 칸트가 당시 널리 사용되던 신학 용어를 분류하고 그 내용을 간단하게 요약해 놓은 것을 볼 수 있습니다.[19] 사실 17세기 이후의 신학을 공부하는 사람들이 가장 어려워하는 부분은 신학 용어입니다. 신학 용어가 어려워서 현대 신학 공부에서 손을 떼는 경우가 많은데, 우리는 칸트 덕분에 현대 신학을 좀 더 잘 이해하게 되었습니다.

❶ 이성신학(theologia naturalis)과 계시신학(theologia revelata)

그는 신학에는 이성에 입각한 이성신학과 계시에 의한 계시신학이 있다고 말합니다. "만일 신학을 근원적 존재자에 대한 인식이라고 이해한다면, 신학은 단순히 이성에 입

---

19. *Kritik aller Theologie aus spekulativen Prinzipien der Vernunft*, 596-604.

각한 신학이든지 아니면 계시에 의한 신학이어야 한다. 그리고 이성신학에는 그 대상을 순전히 '선험적 개념'[20]을 매개로 해서 오직 순수이성에 의해 생각하는 선험적 신학과, 자연으로부터 나온 개념에 의해 이성으로 추론하여 그 대상을 최고의 예지라고 생각하는 신학이 있다. 여기서 전자를 선험적 신학이라고 하면, 후자를 자연적 신학(natürliche Theologie)이라고 해야 한다."[21]

❷ 이신론자(Deist)와 유신론자(Theist)

그는 신을 믿는 사람들 중에는 이신론자와 유신론자가 있다고 말합니다. "선험적 신학을 인정하는 사람은 이신론자로 불리고, 자연적 신학을 인정하는 사람은 유신론자로 불린다. 이신론자는 하나의 근원적 존재자의 현실적 존재를 순수한 이성에 의해 인식할 수 있으며, 그와 동시에 이 근원적 존재자에 관한 우리의 개념은 순전히 선험적인 것, 곧 모든 실재성은 그보다 더 자세하게 규정될 수 없는 그런 것으로서의 존재의 개념이라고 인정한다. 유신론자는 이성이 이 대상을 자연과의 유추에 의해 보다 자세히 규정할 수 있다고 말한다. 곧 오성과 자유에 의해 다른 모든 사물

---

20. 칸트는 선험적 개념에는 근원적 존재자(ens originarium), 가장 실재적인 존재자(ens realissmum), 모든 존재자의 존재자(ens entium)가 포함된다고 말한다.
21. *Kritik aller Theologie aus spekulativen Prinzipien der Vernunft*, 596.

의 근원을 자기 안에 품고 있는 존재자로 규정할 수 있다고 주장한다. 따라서 근원적 존재자라고 할 때, 이신론자들이 표상하는 것은 세계 원인이고, 유신론자들이 표상하는 것은 세계 창시자이다."[22]

❸ 우주론적 신학(Kosmologie)과 존재론적 신학(Ontotheologie)

그는 더 나아가 선험적 신학을 우주론적 신학과 존재론적 신학으로 나눕니다. "선험적 신학에는 근원적 존재자의 현실적 존재를 경험 일반으로부터 이끌어 내려고 하는 '우주론적 신학'과, 경험의 도움을 전혀 받지 않고 오로지 개념에 의해 근원적 존재자의 현실적 존재를 인식할 수 있다고 믿는 '존재론적 신학'이 있다."[23]

❹ 자연신학(Physiktheologie)과 도덕신학(Moraltheologie)

그는 자연적 신학에는 자연신학과 도덕신학이 있다고 말합니다. "자연적 신학은 이 세계에서 발견되는 성질, 곧 질서와 통일로부터 세계 창시자의 특질과 현실적 존재를 추론하지만, 세계에는 두 종류의 원인성과 그 규칙, 자연과 자유를 요청하지 않으면 안 된다. 그러므로 자연적 신학은 이 세계로부터 최고 예지자로 올라간다. 그리고 이 최고 예

---

22. *Kritik aller Theologie aus spekulativen Prinzipien der Vernunft*, 596-597.
23. *Kritik aller Theologie aus spekulativen Prinzipien der Vernunft*, 597.

지자는 모든 자연 질서와 완전성의 원리로서의 최고 예지자이거나 또는 모든 도덕적 질서와 완전성의 원리로서의 최고 예지자이다. 전자를 '자연신학'이라 하고, 후자를 '도덕신학'이라 한다."[24]

❺ 이론적 인식과 실천적 인식

그는 이성의 모든 가능한 시도의 원천으로서 이론적 인식과 실천적 인식에 대해 말합니다. 이론적 인식이란 '존재하는 것'에 관계하는 인식이고, 실천적 인식이란 '존재해야만 하는 것'으로서의 당위에 관계하는 인식입니다.

> 나는 여기서 이론적 인식이란 그것에 의해 내가 '존재하는 것'(was da ist)의 인식이요, 이에 반해 실천적 인식이란 '존재해야만 하는 것'(was da sein soll)의 인식이라고 설명하는 것으로 만족한다. 이성의 이론적 사용이란 어떤 것이 존재한다는 사실을 내가 그것에 의해 선험적으로 인식하는 것이고, 이에 반해 이성의 실천적 사용이란 무엇이 생기(生起)해야만 하느냐는 것을 선험적으로 인식하는 것이다. 그런데 어떤 것이 존재하는 것, 또는 어떤 것이 생기해야만 하는 것은 의심할 여지없이 확실하지만, 그것이 제약되어 있다면 그 역시 어떤 명확한 조건이 절대적

---

24. *Kritik aller Theologie aus spekulativen Prinzipien der Vernunft*, 597.

으로 필연적이든지, 아니면 임의적으로나 우연적으로 전제되는 것에 지나지 않든지 하는 두 가지 경우가 있다.[25]

칸트는 전자의 조건은 '요청되는 것'(per thesin)이며, 후자의 조건은 '가정되는 것'(per hypotheism)이라고 말합니다. 절대적으로 실천적 법칙(도덕적 법칙)은 존재하는 것이므로, 만일 이 법칙이 그 '구속력'을 가능하게 하는 조건으로서 어떤 현실적 존재를 필연적으로 가정한다면, 이 현실적 존재는 '요청되는 것'(postuliert)이어야 한다고 말합니다.

그는 이 명확한 조건을 이끌어 내는 추론의 출발점이 되는 피제약자 자신이 절대적이고 필연적이며 선험적으로 인식되기 때문이라고 말합니다. 도덕적 법칙에 대해 우리는 앞으로 그것이 최고 존재자의 현실적 존재를 전제로 할 뿐 아니라, 다른 관점에서도 절대적이고 필연적이므로—물론 실천적으로 그런 것이지만—이러한 최고 존재자의 현실적 존재를 요청하는 것임을 보여 준다고 말합니다.[26]

칸트는 이 책에서 중세 스콜라 신학자들이 전념했고, 이후에 라이프니츠를 비롯한 독일 관념론자들이 전념했던 '추론적 신 존재 증명'(spekulative Gottesbeweise)을 아주 강하게 비판합니다. 그는 우리가 이성으로 신을 증명할 수 없는

---

25. *Kritik aller Theologie aus spekulativen Prinzipien der Vernunft*, 598.
26. *Kritik aller Theologie aus spekulativen Prinzipien der Vernunft*, 598.

이유는, 이성은 물자체(物自體, das Ding an sich)에 대해서는 알 수 없고 현상계에 대해서만 알 수 있기 때문이라고 말합니다.

또한 신, 자유, 영혼의 불멸은 '이론이성'이 아니라 '실천이성'의 영역에 속하므로 이것들은 이성을 통해 입증할 수 없고 오직 신앙을 통해 받아들여야 한다고 말합니다. 그는 이와 관련하여 유명한 말을 남깁니다. "나는 신앙에 자리를 내어 주기 위해 지식을 포기할 수밖에 없다."[27]

그는 더 나아가 하나님 개념이나 자유나 영혼의 불멸은 자율적 도덕성의 포기할 수 없는 전제, 혹은 도덕 사회를 이루기 위해 반드시 요청(Postulat)되는 것이므로 그것들을 비록 이론이성으로 증명할 수 없다 해도 우리가 전제로서 받아들여야 한다고 주장합니다.

칸트는 이 책에서 이성의 한계를 규정함으로써 종교는 이론적이고 형이상학적 분야가 아니라 실천적이고 도덕적 분야와 관계되어야 함을 분명히 밝혔습니다. 그리고 종교와 기독교에 대한 생각을 『이성의 한계 안에서의 종교』에서 좀 더 명확히 드러냅니다.

---

27. "Ich muss also das Wissen (von Gott, Freiheit und Unsterblichkeit. O. H.) aufheben, um zum Glauben Platz zu bekommen."

『이성의 한계 안에서의 종교』에 드러난 종교관

도덕과 종교의 관계

칸트는 책의 서문에서 자신의 주된 관심사를 분명히 밝힙니다. 그는 도덕은 종교 없이도 존재하는 독자적 요소이지, 종교를 위해 존재하는 종속적 요소가 아니라고 말합니다.

> 도덕은 그의 의무를 인식하기 위해 그의 본질 위에 다른 어떤 본질이 필요하지 않으며, 그의 의무를 고찰하기 위해 그의 법칙 외에 다른 어떤 동기가 필요하지 않다.[28]

이 말은 도덕이 그의 의무를 인식하기 위해 신을 전제할 필요가 없고, 또 신으로부터 무언가를 바라며 도덕적 행동을 할 필요도 없다는 것입니다. 그는 "도덕은 자기 자신을 보호하기 위해 결코 종교를 필요로 하지 않으며, 대신에 순전한 실천이성의 도움으로 인해 자기 자신으로 충분하다"[29]고 단호하게 말합니다.

하지만 칸트는 도덕이 종교와의 관계를 완전히 끊을 수 없다고 말합니다. 비록 도덕이 자기 자신을 보호하기 위해

---

28. Kant, *Die Religion innerhalb der Grenzen der blossen Vernunft*, Felix Meiner Verlag, Hamburg 2003, 3. (『이성의 한계 안에서의 종교』 아카넷)

29. *Die Religion innerhalb der Grenzen der blossen Vernunft*, 3.

목적 사상을 전혀 필요로 하지 않는다 해도, 도덕은 그런 목적과 필연적 관계를 가질 수도 있다고 말합니다. 물론 도덕의 근거로서가 아니라 공리들의 필연적 귀결에 근거해서라고 말합니다.[30] 이 말은 종교는 도덕의 근거가 될 수 없다 해도, 도덕법칙에 따라 도덕의 나라를 세워 나갈 때 신, 자유, 영혼의 불멸과 같은 종교적 부분을 반드시 이야기할 수밖에 없다는 것입니다. 그는 도덕과 종교의 관계를 분명하게 밝힙니다.

> 도덕은 불가피하게 종교로 이끄는데, 이를 통해 도덕은 자기 자신을 인간 밖에 있는 권력을 가진 도덕법칙의 수여자라는 생각(Idee)으로 확장시킨다. 왜냐하면 도덕법칙 수여자의 의지 안에 세계 창조의 궁극적 목적이―동시에 인간의 궁극적 목적이 될 수 있고 되어야만 하는 궁극적 목적이―있기 때문이다.[31]

칸트는 도덕이 자신을 신과 관계시키면서 자신을 종교의 등급으로 격상시켜 도덕의 품위가 떨어지는 것이 아니라, 도리어 사람들로 하여금 종교의 신을 경외하듯 도덕법칙을 경외하며 지키게 할 수 있음을 알리고자 합니다.

---

30. *Die Religion innerhalb der Grenzen der blossen Vernunft*, 4-5.
31. *Die Religion innerhalb der Grenzen der blossen Vernunft*, 7.

> 만일 도덕이 도덕법칙의 신성함에 가장 위대한 경배의 대상을 인식한다면, 도덕은 종교의 등급에서 그러한 법칙을 수행하는 가장 높은 원인에 경배의 한 대상을 상상한다.[32]

이 말을 좀 더 깊이 생각해 본다면, 우리는 칸트가 도덕을 종교의 등급으로 격상시키려 한다는 생각을 하지 않을 수 없습니다. 종교의 신을 위해 도덕은 존재할 필요가 없지만, 종교의 신은 인류에게 도덕법칙을 수행하게 하고 도덕 세상을 완성시키기 위해 요청되어야 한다는 것입니다. 이 말은 곧 종교가 이 땅에 존재해야 한다면 반드시 도덕 종교가 되어야 한다는 뜻입니다. 그의 이러한 생각은 참된 종교에 대한 부분에서도 분명히 드러납니다.

참된 종교란 무엇인가

칸트는 참된 종교에 대해서도 정통 기독교회와는 다르게 말합니다.

> 참된 종교는 하나님이 우리의 축복을 위해 무엇을 하고 계시며 또 무엇을 하셨는지 알고 고백하는 데 있는 것이 아니라, 도리어 하나님의 뜻이 이루어지도록 우리가 반드시 해야 할 의무들을

---

32. *Die Religion innerhalb der Grenzen der blossen Vernunft*, 8.

인식하고 행하는 데 있다.[33]

이 말은, 구원을 하나님 중심으로 이해한 정통 기독교회의 신학을 완전히 전복하는 내용입니다. 왜냐하면 기존 교회에서는 교회가 해야 할 일은 성경에 계시된 하나님의 말씀과 행적을 탐구하며 그 말씀에 따라 신앙고백을 하고 그분의 행적을 전파하는 것이라고 말하기 때문입니다.

칸트는 참된 종교의 본분은 "하나님의 뜻이 이루어지도록 우리가 반드시 해야 할 의무들을 인식하고 행하는 데 있다"고 말합니다. 그의 말에 따르면, 우리는 하나님의 뜻을 그분의 계시가 아닌 다른 어떤 곳에서—그는 하나님의 뜻은 생득적으로 우리 안에 주어져 있다고 본다—발견할 수 있고, 우리가 반드시 해야 할 의무들도 우리 자신이 생각하는 것들이 될 수밖에 없다는 결론에 이르게 됩니다. 결국 그는 기독교를 객관적인 계시 종교로부터 주관적인 실천(이성) 종교로 바꾸어 놓고자 했습니다.

칸트의 이런 생각은 종교에 대한 입장에서도 분명히 드러납니다.

종교란 우리의 모든 의무들을 신적 계명으로 인식하는 것이다

---

33. *Die Religion innerhalb der Grenzen der blossen Vernunft*, 180.

(Religion ist das Erkenntnis aller unserer Pflichten als göttlicher Gebote).³⁴

우리의 의무는 이미 생득적으로 주어져 있고 우리가 알고 있는 것이라고 말하므로, 실제적으로 계시는 필요 없게 됩니다. 인간으로서 우리가 해야 할 일만 충실히 하면 되고, 그렇게 하는 것이 결국 신의 계명을 지키는 것이 된다는 말이기 때문입니다.

칸트는 '인간이라면 누구나 도덕적 의무를 행하라'는 명령이 우리 안에 주어져 있다고 말하며, 이 명령을 '범주적 명령'(der kategorische Imperativ)이라고 부릅니다. 그는 『실천이성비판』에 이것을 잘 요약해 놓았습니다.

> 당신은 단지 그리고 동시에 당신이 원할 수 있는 그런 공리에 따라서만, 그런 공리가 하나의 일반적인 법칙이 되도록 행동하십시오. 행동의 공리가 당신의 뜻을 통해 일반적인 자연 법칙이 되어야만 하는 것처럼 그렇게 행동하십시오. 당신은 인류에게 당신의 인격 속에서뿐 아니라 다른 모든 사람의 인격 속에서도 결코 단지 수단으로만이 아니라 동시에 목적으로도 필요한 것처럼 항상 행동하십시오.³⁵

---

34. *Die Religion innerhalb der Grenzen der blossen Vernunft*, 206.
35. Kant, *Kritik der praktischen Vernunft*, Werke 3, Könemann, Köln 1995, 215-226.

그는 참된 종교는 이런 범주적 명령인 실천적 원리 외에 다른 것을 담고 있지 않으며, 이런 원리는 순수이성을 통해 우리에게 알려지고 또한 우리가 무조건적으로 필요하다고 인정하는 원리라고 말합니다.[36] 모든 참된 종교의 첫 번째 토대는 순전히 도덕적 법칙 수여(Gesetzgebung)에 있으며, 그 법칙 수여를 통해 하나님의 의지가 본래 우리의 마음으로 써진다고 봅니다. 이 말은, 이성적 인간이라면 누구나 신의 명령을 알고 있으며, 인간은 이 마음의 법을 공리로 알고 항상 다른 사람들에게 유익이 되도록 행동하면 되고, 이렇게 행하는 사람이 참된 종교인이라는 것입니다.

하나님의 나라

칸트는 또한 종교는 도덕의 토대가 아니라 도덕의 결과라고 주장합니다. 앞에서 말한 것처럼, 칸트의 의도는 종교를 이용하여 도덕을 세우려는 것입니다. 그는 "예수님이 가르치신 하나님의 나라는 어떤 나라인가"라는 질문을 던지고 나서 이렇게 대답합니다.

> 복음의 교사(예수님)는 제자들에게 하나님의 나라를 땅 위에서는 단지 영광스럽고 영혼을 고양시키는 도덕적 측면에 대해서

---

36. *Die Religion innerhalb der Grenzen der blossen Vernunft*, 226.

만, 즉 신적 국가의 시민이 되는 존엄에 대해서만 보여 주셨다. 그리고 제자들에게 이것을 위해 해야 할 일을 지시하셨다. 이는 자기 스스로 거기에 이르기 위해서뿐 아니라, 비슷하게 생각하는 다른 사람들, 그리고 가능한 곳에서는 전 인류 사회와 함께 이 목적으로 하나를 이루게 하기 위해서였다.[37]

칸트는 예수님이 이 땅에 세우고자 하신 나라는 전적으로 도덕 국가이며, 제자들을 부르시고 열방으로 보내신 것도 이 땅의 도덕 국가에서 살아갈 신민을 만들기 위해서라는 그의 생각을 분명히 드러냅니다. 그는 다음과 같이 자기 생각을 분명히 전달합니다.

나는 처음으로 어떤 증명도 필요하지 않는 원칙으로서 다음 문장을 취한다. 선한 삶을 영위하는 것 외에는, 인간이 하나님을 기쁘시게 하기 위해 할 수 있다고 생각하는 모든 것은 종교적 망상이요 고장난 것을 수리하는 예배(Afterdienst; Afterservice)에 불과하다.[38]

칸트는 하나님의 나라를 도덕의 나라와 동일하게 여기는 자신의 생각을 명백하게 드러냅니다. 지금의 교회 신앙

---

37. *Die Religion innerhalb der Grenzen der blossen Vernunft*, 183.
38. *Die Religion innerhalb der Grenzen der blossen Vernunft*, 230.

을 통해서는 인류의 도덕을 고양시키는 이런 하나님의 나라를 결코 임하게 할 수 없다고 봅니다. 그는 성경을 통해 형성된 단순한 '교회 신앙'(Kirchenglauben)도 이런 신적 의지를 드러내지만, 교회 신앙이 이성에 토대를 둔 순전한 '종교 신앙'(Religionsglauben)의 지배로 넘어갈 때 비로소 도덕적인 하나님의 나라(Gottes Reich)가 도래한다고 봅니다.

> 교회 신앙이 점점 순전한 종교 신앙의 유일한 지배로 넘어가면서 하나님의 나라가 도래한다.[39]

또한 칸트는 성경의 모든 진술들은 도덕적 문장의 의미에서 해석해야 한다고 말합니다. 그는 "모든 이성 종교의 본래 목적을 이루는 인간의 도덕적 개선이 모든 성경 해석의 최고 원칙이 되어야 한다"[40]고 말하면서 성경 해석의 원칙 역시 인간의 도덕적 개선에 있어야 한다고 분명하게 주장합니다.

그리고 예수 그리스도는 도덕적 명령을 자각하고 실천한 사람에 불과하며, 도덕 사회를 이루고자 하는 모든 사람에게 본이 되는 사람일 뿐이라고 말합니다. 그는 예수님에게 하나님의 아들이라는 칭호를 붙이지 않았고 원죄, 십자

---

39. *Die Religion innerhalb der Grenzen der blossen Vernunft*, 154.
40. *Die Religion innerhalb der Grenzen der blossen Vernunft*, 150.

가, 부활 등 기독교의 근본 진리를 믿지 않았습니다.

칸트에 대한 평가

먼저 우리는 그의 신학적 진술들에 나타난 긍정적 측면을 생각해야 합니다. 계몽주의 이후에 만연했던 인식론의 혼란 속에서 그는 신학의 인식 방법과 자연과학의 인식 방법을 구분하여, 자연과학적 방법에 따라 신학을 연구하려는 사람들이나 그 방법으로 신학을 없애려는 사람들의 횡포에서 신학을 구했다고 볼 수 있습니다.

그리고 신, 영혼의 불멸, 자유의 형이상학적 가치는 여전히 인간이 믿고 추구해야 할 내용임을 합리적으로 논증했습니다. 무엇보다 삶의 실천적 변화보다는 사변적 신 존재 증명에 매여 있던 스콜라 신학적 관념론자들에게 경종을 울렸습니다. 또한 성도들의 실천적 삶을 외면하고 형식적 종교의식이나 권위주의에 매여 살아가는 죽은 정통에 경종을 울렸습니다. 이런 면들이 자유주의자들에게 고스란히 전수되고, 신정통주의자들에게도 영향을 끼쳤습니다.

그러나 칸트의 종교 이해나 기독교 이해가 매우 위험하다는 것을 지적하지 않을 수 없습니다. 무엇보다, 그는 하나님의 계시보다 인간 안에 선험적으로 주어져 있는 도덕적 의무 의식을 더 중요시했습니다. 신적 계시가 아니라 인간 안에 있는 도덕법칙의 잣대로 성경을 판단하고, 성경의 모든 내용은 이성의 시대를 살아가는 인간이라면 믿을 수 없는 것이라고 주장하는 것 역시 큰 잘못입니다. 인간에게 중요한 것은 인간의 궁극적 목표인 사랑이 넘치는 도덕 사회를 이루는 데 기여할 수 있는 내용뿐이라고 속단하는 것도 매우 위험한 생각입니다. 그가 주장하는 것은 결국 도덕을 가르치는 내용입니다. 그는 이런 도덕적 명령은 성경을 보지 않고도 알 수 있다고 봅니다.

그는 신앙을 이성 신앙과 교회 신앙으로 구분하고, 인간의 도덕적 의무를 강조하는 이성 신앙을 고등한 참된 신앙으로 격상시키고, 교회 신앙은 현세의 상이나 바라는 신앙으로, 혹은 인간들이 저지른 실수들이나 수리하는 정도의 신앙으로 격하시켰습니다.

칸트는 이런 관점에서 성경 해석도 이성적이고 합리적으로 해야 한다고 주장합니다. 성령의 도움을 힘입어 성경을 직접 해석하려 했던 영파의 해석도 반대하고, 성경은 성경 자체로 해석할 수 있다는 종교 개혁자들의 해석도 반대합니다. 철학과 종교의 대화와 상호 필요성에 대해 설득하는 철학자 위르겐 하버마스(Jürgen Habermas)도 이 점을 간파했습니다.

칸트는 이성을 교회 신앙의 해석학을 위한 척도로 만들고, 그와 함께 이성 신앙의 본래 목적인 인간의 도덕적 개선을 모든 성경 해석의 가장 높은 원리로 만든다.[41]

칸트의 더 큰 문제는, 합리적 성경 해석을 통해 성경에서 이성에 걸림돌이 되는 진리인 원죄, 성육신, 십자가, 부활의 진리가 설 자리를 잃게 만든다는 것입니다. 하버마스는 이렇게 말합니다.

이런 인간학적 토대 위에서 합리적 성경 해석은 육체의 부활과 같은 많은 신앙의 문장들을 역사적으로 부수적인 것이라고 여기며 옆으로 밀어낸다. 합리적 해석은 예수님의 인격 속에서 하나님의 성육신과 같은 중심적 신앙의 문장들도 그 본질적 의미를 벗겨내 버린다. 예를 들어, 신적 은혜를 자기 활동을 위한 명령으로 완전히 바꾸어 해석해 버린다.⋯죄, 회개, 화해 등 구속사적 맥락과 구속자의 뒤에서 활동하는 힘에 대한 종말론적 신뢰는 뒤로 물러나게 된다.[42]

하버마스는 칸트가 합리적 성경 해석을 통해 기독교의

---

41. Jürgen Habermas, *Zwischen Naturalismus und Religion*, Suhrkamp Verlag, Frankfurt am Main 2005, 221.
42. Habermas, *Zwischen Naturalismus und Religion*, 221.

핵심 진리를 부정하거나 부수적인 것으로 만들어 버린다고 지적합니다. 칸트는 전적인 은혜로 받을 수 있는 죄 용서나 화해와 같은 선물조차 인간의 노력으로 얻어야 한다고 말하는 것입니다. 이런 주장을 통해 칸트는 성경의 핵심인 복음을 없애 버립니다. 하지만 기독교에서 복음이 빠지면 결국 율법 종교가 되고 맙니다. 율법 종교의 특징은, 은혜의 중요성을 알지 못하고 성례전적 신앙을 허용하지 않는 것입니다.

종교개혁자들은, 인간이 도덕적 명령을 마땅히 해야 할 의무로 인식한다 해도 은혜 없이는 성취될 수 없다고 선언했습니다. 공관복음의 명령, 특히 산상수훈 같은 하나님의 명령은 모두 은혜로만 성취될 수 있습니다. 칸트는 예수님의 산상수훈은 높이 평가하면서도 바울은 철저히 무시합니다. 이 흐름이 자유주의자들에게 고스란히 전수됩니다. 바울을 가장 강조했던 신학자 리츨도 결국은 칸트의 도덕 종교 노선을 따르고 말았습니다.

칸트는 이후에 등장한 기독교 신학자와 철학자들로부터 종교의 기능을 너무 협소하게 이해하고 있다는 비판을 면할 수 없었습니다. 그들은 종교는 인간의 삶 전체를 포괄하며, 신과 자연과 인간을 모두 함께 고려해야 한다고 말했습니다. 종교에는 신을 이성적으로 추론하는 측면도 있고 신을 인간의 감정으로 느끼는 측면도 있는데, 칸트는 종교의 도덕환원주의를 통해 기독교를 매우 왜소하게 만들어 놓았다고 비판했습니다. 결국 칸트는 종교의 감정적 측면을 강조하는 슐라이어마허나 이성적 측면을 강조하는 헤겔의 공격을 받게 되었습니다.

2장

슐라이어마허

(1768-1834)

자유주의 신학의 길을 닦다

Friedrich E. D. Schleiermacher

신학사적 위치

현대 신학의 아버지를 말할 때 흔히 슐라이어마허를 꼽습니다. 평생 동안 슐라이어마허를 비판했던 칼 바르트조차 인생의 후반기에는 다음과 같이 평가합니다.

> 슐라이어마허라는 이름은 근대 신학의 꼭대기에 속하며, 모든 시대에 속해 있을 것이다. 그의 곁에 둘 만한 학자는 아무도 없다.[1]

슐라이어마허는 자연과학의 발달로 인해 종교가 자기 자리를 잃어 갈 때, 그 자리를 되찾아 주고, 인간에게 종교가 필요한 이유를 분명하게 설명한 신학자이자 목회자입니다.

그는 당시 큰 영향을 끼치고 있던 칸트와 헤겔의 종교관을 비판합니다. 하지만 평생의 라이벌이었던 헤겔보다는 칸트에게 더 호의적이었습니다. 칸트가 당시 스콜라 신학

---

1. Barth, *Die protestantische Theologie im 19, Jahrhunderte*, 379.

을 비판한 것에는 공감합니다. 그는 칸트의 자연종교 비판을 수용하면서, 자연종교와 자연신학을 비판하게 됩니다. 이런 것들이 타락한 이성에 의해 하나님을 추론적으로 인식하고자 하는 계몽주의의 잔재로 보였기 때문입니다.

그는 칸트처럼 역사적이고 실증적인 종교만을 참된 종교로 간주하면서 종교와 역사의 의존관계를 더 확고하게 합니다. 하지만 칸트가 종교를 너무 도덕 위주로 해석하여 협소화시킴으로써 사실상 기독교나 교회가 필요 없게 만들었다고 지적합니다. 슐라이어마허는 종교가 인간 삶의 전 영역과 관계되어야 함을 강조하고, 이를 통해 근대사회에서 설 자리를 잃어 가던 기독교를 구하려고 노력합니다.

다른 한편, 슐라이어마허는 베를린대학교 교수로 함께 활동했던 헤겔을 강하게 비판합니다. 헤겔은, 종교는 칸트가 말하는 것처럼 의지와 관계된 것도 아니고, 슐라이어마허가 말하는 것처럼 감정과 관계된 것도 아니라고 주장했습니다. 종교란 이성적 활동이고, 신을 알려면 이성을 통해 추론하는 방법 외에는 없다고 말했습니다. 헤겔에 따르면, 이성에 따라 행하는 추론신학만이 참된 신학입니다. 그는 "하나님은 하나의 그리고 유일한 철학의 대상이다"고 주장합니다.[2]

---

2. F. Hegel, *Vorlesungen über die Philosophie der Religion*, Erster Band, Felix Meiner Verlag, Hamburg 1966, 29-30: "Religion ist der Gegenstand der Betrachtung."

슐라이어마허는 헤겔이 이성을 지나치게 강조하여 종교를 인식의 영역으로 환원했다고 비판합니다. 그리고 종교에서 본질적으로 중요한 것은 지식이 아니라 직관(Anschauung)과 감정(Gefühl)이라고 주장합니다. 그는 기독교를 합리적 종교나 자연종교의 범주에 넣지 않고 구속종교로 이해하려고 합니다. 기독교를 구속종교라고 말한 것으로 볼 때, 그의 신학이 성경 계시로부터 출발한다고 생각할 수 있지만 사실은 그렇지 않습니다.

슐라이어마허는 신학을 일반적 인간성의 기초 위에 세우려 합니다. 즉 인간 안에 있는 선천적인 종교적 소질(religiöse Anlage)에서 출발하여 종교의 필요성을 말하고, 더 나아가 기독교의 필요성을 말하려고 합니다. 이것은 종교가 신을 논하려면, 우리 밖에 권위로 주어져 있는 성경 계시에 근거해서가 아니라 우리 안에 선천적으로 내재해 있는 종교성에서 출발해야 한다는 말입니다. 그러다 보니 성경 계시에 신학을 세우는 정통주의자들에게 비판을 받게 되었습니다.

생애와 주요 저작

슐라이어마허는 1768년 11월 21일 독일 땅 브레스라우(현재는 폴란드 땅)에서 태어났습니다. 아버지는 개혁파 교단의 종군 목사였고, 친할아버지와 외할아버지는 목사였으며, 외삼촌은 신학 교수였습니다. 그는 형제들의 공동체(Brüdergemeine, 헤른후트파)에서 운영하는 학교에 입학하여 그들의 공동체성을 강조하는 헤른후트(Herrnhut)적 경건의 영향을 받습니다. 아버지는 슐라이어마허가 헤른후트 공동체의 목사나 교사가 되기 바랐습니다. 하지만 그는 청소년기에 접어들면서 정통 기독교가 가르치는 교리에―그리스도의 신성이나 그리스도의 대속적 고난과 같은 기독교의 핵심 교리에―회의를 품었습니다.

그는 아버지에게 자기 마음을 털어놓고, 당시 계몽주의 철학에 크게 영향을 받은 할레대학교에 진학합니다. 할레대학교에서 볼프(Wolf) 같은 계몽주의 학자에게 영향을 받고, 칸트에 대해 눈뜨고 그의 사상을 심층적으로 연구합니다. 그는 칸트의 영향을 받아 자연신학이나 추론신학을 극복하고 윤리학에 관심을 가집니다. 윤리학을 인간 삶의 수행에 관한 학문으로 발전시킵니다. 그리고 야코비(Jacobi)와 스피노자(Spinoza)에 대해 연구하면서 개인의 개성과 다른 사람들과의 연결을 중요시해야 함을 배웁니다. 그는 학교를 졸업하고 나서 베를린의 샤리테병원에서 원목으로 근무하면서 독일 낭만주의자들과 친분을 쌓습니다.

그의 저서 가운데 가장 먼저 언급할 책은 『종교론: 종교를 멸시하는 교양인을 위한 강연』(*Über die Religion; Reden an die Gebildeten unter ihren Verächtern*)입니다. 지성인들에게도 종교가 필요하다는 사실을 말하기 위해 1799년에 펴낸 책입니다. 1800년에는 『독백』(*Monologen*)을 출간하고, 1889년부터 베를린의 삼위일체교회(Dreifaltigkeitskirche in Berlin) 목사로 봉직합니다. 그리고 1803년에 『도덕론 비판 개요』(*Grundlinien einer Kritik der Sittenlehre*)를 출간하고, 베를린대학교 신학부 학장을 맡고 나서 1811년에 『신학연구 개요』(*Kurzendarstellung des theologischen Studiums*)를 출간합니다. 그리고 마지막 대작인 『기독교신앙』(*Glaubenslehre*)은 1821년에 집필을 시작하여 1822년에 완성합니다.

슐라이어마허를 유명하게 만든 초기작 『종교론』과 신학 연구 지침서인 『신학연구 개요』, 그리고 백미에 해당하는 『기독교신앙』을 통해 종교와 기독교에 대한 그의 이해를 살펴보고자 합니다.

『종교론』에 나타난 종교 이해

『종교론』을 쓴 뒷이야기가 재미있습니다. 슐라이어마허는 베를린에서 살 때 살롱(상류 가정의 객실에서 열리는 사교적인 집회)에 드나들며 낭만주의자들과 사귐을 가집니다. 살롱에서 만난 독일 낭만주의 대표 시인 슐레겔(Schlegel)에게 책을 한 권 써서 그의 생일에 선물할 것을 약속합니다. 슐레겔에게 선물하려고 쓴 책이 바로 『종교론』입니다.

그는 칸트의 영향으로 종교를 도덕적 의무 정도로 환원하여 종교의 필요성을 인정하지 않으려 하고, 종교의 비합리적 요소를 지적하며 종교를 조롱하는 베를린의 지성인들에게 호소하기 위해 이 책을 썼습니다. 이 책을 통해 인간 안에 있는 종교적 소질로부터 시작하여 종교의 필요성을 증명하고, 계몽된 인간도 완성된 인간이 되려면 종교를 가져야 함을 알리고자 했습니다.

칸트는 윤리를 위해 종교가 존재한다고 주장했지만, 슐라이어마허는 종교 일반은 윤리에서 유래될 수 없으며, 종교는 윤리와의 관계와 마찬가지로 형이상학과의 관계에서도 독자적으로 파악되어야 한다고 주장합니다. 즉, 우리가 종교에 대해 말할 때, "하나님은 이렇게 저렇게 하라고 명령하셨다" 혹은 "우리는 이성적으로 추론하여 하나님을 알 수 있고, 그분은 이러이러한 분이다" 등으로 말해서는 안 된다는 것입니다. 그는 칸트의 종교 이해와 더불어 철학적 추론신학과 전통적 유신론의 종교 이해를 비판합니다. 이 책에서 그는 자신이 한때 라이프치히대학교 시절에 큰 영향을 받았던 칸트의 초월철학(Transzendentalphilosophie)에 대해 비판적 자세를 보입니다.

너희들의 초월철학(Eure Transzendentalphilosophie) … 그리고

너희들의 도덕은 무엇을 하느냐?(Und was tut Euere Moral?)³

물론 그가 칸트의 초월철학 전체를 비판한다는 뜻으로 한 말은 아닙니다. 단지 칸트가 종교를 도덕으로 환원한 해석이 틀렸다고 지적하는 것입니다. 그는 종교는 윤리(Ethik)나 형이상학(Mathaphysik)이 아니라고 말합니다. 특히 윤리와 형이상학을 종교와 섞는(Einmischung) 것에 대해 강하게 비판합니다.⁴ 그러면 그는 종교를 무엇이라고 생각하는 것일까요?

종교 이해

슐라이어마허는 종교가 인간 본성에 근거한다고 보았으며, 종교 개념을 무한 사상과 관계시켰습니다. 그는 이 책에서 유한(Endlichen)과 무한(Unendlichen)이라는 말을 즐겨 사용하는데, 이 표현은 당시 독일 낭만주의자들이 즐겨 사용했습니다. 그들은 유한과 무한의 불가분적 상관관계를 강조하면서 "유한은 무한을 담고 있으며, 무한은 유한 속에 내재한다"고 보았습니다.

슐라이어마허는 종교는 무한과 관계를 갖는 영역이며,

---

3. F. D. E. Schleiermacher, *Über die Religion; Reden an die Gebildeten unter ihren Verächtern*, Felix Meiner Verlag, Hamburg 2004, 41-43, 24. (『종교론』 대한기독교서회)
4. *Über die Religion*, 38-50.

형이상학이나 윤리도 무한과 관계가 있지만 종교가 무한과 관계를 갖는 것과는 다르다고 보았습니다. 그는 형이상학과 도덕이 하는 일을 이렇게 규정합니다.

> 형이상학(Metaphysik)은 인간의 유한한 본성의 본래성을 모든 여타의 유한한 본성들과의 관계에서 규정하려고 애쓰면서 전체성으로 이끌려 하고, 도덕(Moral)은 자유의 나라를 무한으로 확장하려고 한다. 하지만 형이상학과 도덕은 유한에서 출발점을 취하며 유한을 무한으로 승격시키려 한다.
> 하지만 종교는 무한에서 출발점을 취하며 무한은 개별적인 유한 속에서 명백하게 나타난다. 종교는 유한 속에서 무한을 파악하는 것이고, 모든 유한한 것들은 무한을 베낀 것으로 그 설명에 불과하다.[5]

사람들은 그가 피히테(Fichte)나 슐레겔 같은 낭만주의 친구들과 스피노자에게서 이런 종교 이해를 빌려 왔다고 여겼습니다. 왜냐하면 이들은 유한이 존재하려면 하나의 무한이 반드시 존재해야 하며, 또한 무한의 한계 내에서 모든 유한한 것이 존재한다고 말했기 때문입니다.

슐라이어마허의 이런 생각은 『종교론』의 두 번째 강연

---

5. *Über die Religion*, 37-51, 22-28.

(Die zweite Rede)에서 가장 분명하게 나타납니다.

> 종교의 본질은 사유하는 것(Denken)이 아니고, 행동하는 것(Handeln)도 아니며, 직관(Anschauung)이고 감정(Gefühl)이다.

이 문장은 슐라이어마허의 종교관을 가장 잘 요약하고 있습니다. 그는 종교를 사유 활동이나 의지적 행동과 연결시켜서는 안 된다고 말합니다. 유한한 것들 속에서 무한(신적인 것)을 감정으로 느끼고, 유한한 것들 속에서 무한(신적인 것)을 직관하는 활동을 종교 본연의 일로 봅니다.

슐라이어마허는 이 책에서 '무한' 혹은 '신적인 것'이라는 표현과 함께 '우니베르숨'(Universum, 우주 혹은 보편)이라는 단어도 즐겨 사용합니다. 종교는 '우니베르숨'을 보는 것(anschauen)이며, 자신의 설명과 행동으로 '우니베르숨'을 경배하면서 조용히 그것과의 대화를 따라가는 것이고, 또한 어린아이 같은 수동성 속에서 '우니베르숨'의 직접적 영향에 의해 잡히고 채워지는 것이라고 말합니다.[6]

그는 형이상학적 추론(Spekulation)과 윤리적 실천(Praxis)도 종교와 더불어 인간의 완성을 위해 독자적 자리를 차지하지만, "종교 없이 추론과 실천을 갖기 바라는 것은 길을

---

6. *Über die Religion*, 50-52, 29.

잃은 교만"이라고 경고합니다.[7]

슐라이어마허가 종교를 규정할 때 즐겨 사용하는 또 다른 단어는 감각(Sinn)과 취향(Geschmack)입니다.

> 실천이 예술이고, 추론이 학문이라면, 종교는 무한함(Unendliche)을 느끼고(Sinn) 맛보는(Geschmack) 것이다.[8]

그에게 종교는 이성을 사용하는 학문이 아니고, 의지를 사용하는 도덕이 아닙니다. 감정을 사용하여 무한, 즉 신적인 것을 느끼고 맛보는 것입니다. 또한 종교는 감각과 자신의 취향과 관계된 것이라고 말합니다. 앞에서 말했던 것처럼, 감정 편향적인 이러한 종교 이해는 종교를 이성 활동과 관계시킨 헤겔과, 종교를 의지 활동과 관계시킨 칸트의 종교 이해를 정면으로 비판한 것입니다.

슐라이어마허가 이 책을 쓴 가장 중요한 이유는, 바로 이 사실을 말하기 위해서입니다. "우니베르숨을 보는 것(Anschauen des Universums)이 나의 전체 강연의 축이고, 종교의 가장 일반적이고 가장 높은 공식이다."[9] 하지만 그는 형이상학자들이나 도덕주의자들이 흔히 빠지는 오류 가운데

---

7. *Über die Religion*, 52-54, 30.
8. *Über die Religion*, 52-54, 30.
9. *Über die Religion*, 54-56, 31.

하나인 종교를 하나의 시스템(System)으로 만드는 것에 대해서는 대단히 경계합니다. 직관을 강조하지만 그런 직관을 묶어 하나의 종교 시스템을 만드는 것은 단호히 반대합니다.[10]

> 직관이란 항상 개별적이고 분리되어 있는 어떤 것이다. 직접적인 지각으로 존재하고 머무르며, 그 이상의 무언가가 아니다. 그것을 묶고 하나의 전체로 함께 연관시키는 것은 감각의 일이 아니라 추상적인 사유의 일이다. 그러면 종교는 무엇인가? 종교는 '우니베르숨'의 현존과 행동의 직접적인 경험 곁에, 개별적인 직관들과 감정들 곁에 머물러 서는 것이다. 모든 것은 다른 것들과의 연관 없이 그것들에 의존하지 않고 독자적으로 존속하는 행위다. 종교는 유추나 연합에 대해 아무것도 모른다.[11]

우리는 이 말에서, 그가 종교를 하나의 시스템으로, 즉 하나의 신학(Theologie)으로 만들려는 시도를 얼마나 강하게 비판하는지 알 수 있습니다. 그의 종교관이 교리나 신학을 강조하는 정통 교회의 종교관이나, 철학적 유신론적 종교관, 윤리적 종교관과는 전혀 다름을 알 수 있습니다. 그에게 종교는 오직 신적인 것, 무한한 것, 우주를 느끼고 맛

---

10. *Über die Religion*, 57-59, 33.
11. *Über die Religion*, 57-59, 33.

보는 것일 뿐입니다. 하지만 거기에서 끝나야지, 그런 직관들을 비교하고 함께 모아 시스템을 만드는 것은 철저히 부정합니다.

아이러니하게도, 슐라이어마허의 신학을 맹렬히 비판했던 칼 바르트가 초기 변증법 신학 운동을 할 때 신학적 시스템을 만드는 것에 대해 맹렬히 비판했습니다. 바르트는 자신의 대표작 『로마서』에서 "계시는 하늘에서 번개처럼 왔다가 이 땅을 순간적으로 스치고 사라지는 것이지, 결코 이 땅에 자국을 남기거나 머물러 있지 않는다"고 말했습니다.

슐라이어마허는 자신이 종교관의 핵심으로 말하는 직관(Anschauung)과 감정(Gefühl)이란 말이 사람들에 의해 오용될 수 있음을 내다보면서 이 두 단어의 관계를 보충 설명합니다. 이 두 개념은 서로 구분되어야 하며, 서로 보완 관계가 되어야 한다고 말합니다.

> 감정 없는 직관은 아무것도 아니며, 올바른 원천이나 올바른 힘을 가질 수 없다. 직관 없는 감정 역시 아무것도 아니다. 이 둘은 근원적으로 하나이고 분리되지 않기 때문에, 어떤 것이 되는 것이다.[12]

---

12. *Über die Religion*, 72-74, 40-41.

이 말에서 알 수 있듯이, 우리는 그가 생각하는 감정과 직관이 무엇인지 정확히 파악할 수 없습니다. 그의 주장대로라면, 우리가 이성을 사용하여 이것에 대해 정확히 이해하려 하지 말고 단지 느끼기만 하면 됩니다.

이런 상태에서 어떻게 하나님에 대해 명료한 정의를 내릴 수 있고 진리를 말할 수 있겠습니까? 하나님에 대한 정의나 진리가 철저히 주관적이 되기 때문에 자신이 느끼고 본 대로 말하면 되고 거기에서 그쳐야 합니다. 결국 철저히 주관적인 감정에 따라 진리가 결정되는 것입니다. 그래서 판넨베르크는 슐라이어마허를 주관주의적 신학의 창시자라고 봅니다.

종교 교육

슐라이어마허는 종교 교육의 아버지로 대우 받고 있습니다. 왜냐하면 종교 교육에 큰 관심을 갖고 그에 관한 이론을 제시했기 때문입니다. 그는 종교 교육의 목적은 인간 안에 선천적으로 주어져 있는 종교적 소질(Anlage)을 일깨우는 것이라고 봅니다. 종교 교육을 주입하는 것은 종교 교육의 개악이라고 개탄하면서 자신은 결코 주입식으로 가르치지 않겠다고 말합니다.

여러분이나 타인들에게 종교 교육을 시키는 것을 원하지 않습니

다. 또한 여러분이 자신에게 의도적으로나 인위적으로 종교 교육을 해야 한다고 가르치지 않습니다.[13]

그는 단지 같은 종교인으로서 같은 길을 가는 사람들과 좀 더 오래 머물고 싶을 뿐이라고 말합니다. 이 말에서 알 수 있듯, 그는 기독교 교육론을 만드는 데 관심이 없습니다.

슐라이어마허는 인간은 각자가 타인과 같이 종교적 소질을 가지고 태어나므로 이런 소질은 외부의 간섭 없이 가만히 내버려 두면, 각 사람 안에서 오류 없이 각자의 방식으로 틀림없이 발전될 것이라고 봅니다. 그런데 자신 안에 있는 종교적 감각이 외부로부터 억눌리고 그로 인해 '우니베르숨'의 교제가 막히게 되면, 이런 종교적 소질이 펼쳐지지 않는다고 봅니다.

그는 종교적 소질을 방해하는 가장 강력한 방해자들은 의심하는 사람들이나 어리석은 사람들이 아니라 합리적인 사람들과 실천적인 사람들이라고 말합니다. 물론 그가 말하는 합리적인 사람들은 헤겔이나 유신론을 가르치는 정통주의 신학자들을 의미하고, 실천적인 사람들은 도덕신학의 선구자인 칸트를 의미합니다.

그는 세계의 현 상태에서 이들이 바로 종교의 적대 세

---

13. *Über die Religion*, 143-145, 79-80.

력이고, 이들의 거대한 힘이 종교가 부족하고 사소한 역할 밖에 하지 못하게 만드는 원인이라고 말합니다. 합리적이고 실천적인 사람들이 어릴 때부터 인간에 대해 잘못 다루고, 좀 더 높은 것에 대한 추구를 억누른다고 말합니다. 슐라이어마허는 인간이 본래대로 자신 안에 있는 종교적 감흥(Regung)을 제한 없이 사용하기만 한다면, 인간은 자신의 감각을 사용하여 무한한 것과 교제하면서 종교적으로 가장 잘 교육된 인간이 되어 간다고 주장합니다.[14]

해석학

슐라이어마허는 현대 해석학(Hermeneutik)의 선구자라고 할 수 있습니다. 그는 종교개혁자들의 문법적, 역사적, 신학적 해석의 틀을 극복하고 해석학의 새로운 지평을 연 선구자입니다.

그는 개별적인 것의 해석은 전체와의 관계 안에서 이루어져야 한다는 전제에서 출발합니다. 전체와의 관계를 생각하지 않고 부분적으로만 해석하면 올바른 이해에 이를 수 없다는 뜻입니다. 그는 해석의 목적을 이해(Verstehen)라고 보며, 이해의 문제에 대해 이렇게 말합니다.

---

14. *Über die Religion*, 143-146, 79-81.

인간의 합리적이고 실천적인 의식은 단지 개별적이고 유한한 것으로 향하며, 그것을 이해하려고 부수고 원자화한다. 그리고 단지 사물들이 '어디서부터 그리고 왜'에 대해서만, 즉 원인과 목적성에 대해서만 묻는다. 사물들의 '무엇과 어떻게'에 대해서는 묻지 않는다. 즉 개별적인 것을 전체와의 맥락에서 파악하지 않는다. 하지만 이해라는 것은 개별적인 것을 전체 속에서 볼 때에야 가능하다. 그럴 때 비로소 개별적인 것의 속성을 이해할 수 있다.[15]

슐라이어마허는 그의 해석학에서 사용하는 부분과 전체의 관계를 개인과 인류의 관계까지 확장하여 적용시킵니다. 그는 인류는 우주(Universum)의 최고의 현현이며, 인류 사상과 우주 사상은 아주 밀접한 관계가 있다고 말합니다. 이는 인간의 영이 우주를 경험하는 자리이기 때문이라고 말합니다. 그럼에도 불구하고 모든 개별적인 것은 그들의 특수성을 통해 그리고 그와 결합된 한계를 통해서 규정되지만, 개별적인 것은 그들의 특별한 중심으로부터 스스로 무한과 보편의 설명에 속한다고 봅니다.[16]

이런 주장은, 라이프니츠가 말한 모든 모나드(Monade)는 우주를 반영한다는 모나드론(Monadenlehre, 단자론)의 영

---
15. *Über die Religion*, 149.
16. Pannenberg, *Problemgeschichte*, 53.

향으로 보입니다. 라이프니츠의 모나드론에 따르면, 개체의 유한성은 모든 개체가 나머지 개체들의 전체성과 관계를 맺음으로 현실화되며, 모든 개인은 다른 사람과의 관계 그리고 인류 전체와의 관계를 통해서만 비로소 그들의 개성이 구성된다고 보기 때문입니다.[17]

슐라이어마허는 전체와 부분의 관계를 해석학의 기초로 삼고, 해석이 가능한 이유에 대해 설명합니다. 인간에게 해석이 가능한 이유는, 인간에게 공통된 것이 있어서라고 말합니다. 모든 인간에게 공통된 것이 있기에 이해가 가능하고 교통이 가능하며 대화가 가능하다고 봅니다.[18] 이 말에는, 한 개인이 깨달은 것은 다른 사람들도 이해할 수 있는 것이고, 한 개인이 깨달은 생각만을 고집해서는 안 된다는 생각도 담겨 있습니다. 그는 이런 생각으로 당시에 만연했던 기독교 교파 간에 쟁투하는 모습을 극복하고, 그들 사이에 중재 역할을 하고자 했습니다.

실증종교와 기독교

슐라이어마허는 칸트와 마찬가지로 추론에 근거한 자연신학을 비판합니다. 그는 이성에 근거한 나중의 추론 활동에 불과한 자연종교는 근원적 종교 경험을 부차적이라

---

17. Pannenberg, *Problemgeschichte*, 53-54.
18. Pannenberg, *Problemgeschichte*, 54.

고 보는데, 근원적 종교 경험은 항상 개인적이고 우주와 무한과 전체의 현시로서 경험되는 하나의 정해진 유한한 직관과 결합되어 있기 때문이라고 말합니다. 그는 역사를 통해 실제로 증명된 실증종교들은—예를 들어 유대교, 기독교, 불교, 이슬람교 등의 종교들은—초개인적이고 공통의 현상이라고 말합니다. 그리고 이 실증종교의 틀 안에서만 개인의 종교적 발전이 이루어지며, 모든 실증종교는 종교의 한 개인이기 때문에 개개의 종교적 발전과 한 실증종교의 발전은 명백히 병행 관계를 이루고, 모든 개개의 실증종교는 하나의 중심 직관 혹은 근본 직관(Zentralanschauung oder Grundanschauung)을 통해 특징지어진다고 주장합니다.

그는 한 종교의 창시자는 그런 중심 직관을 가진 사람이라고 봅니다. 유대교의 중심 직관은 일반적으로 직접적인 보복에 대한 생각이고, 기독교의 중심 직관은 모든 유한한 것들은 신성과 결합을 이루기 위해서 더 높은 중재가 필요하다는 생각이라고 말합니다.[19] 그리고 기독교의 이념은 '예수 그리스도를 통한 구속으로 인한 무한과의 중재'라고 주장합니다.[20]

그는 실증종교가 특별한 이유는 개별적인 종교 경험으로부터 유래되기 때문이라고 보면서, 개별적인 종교 경험

---

19. Positive Religion und Christentum in der fünften Rede. 287, 301.
20. Positive Religion und Christentum in der fünften Rede. 301.

이 항상 이미 다른 개인들과의 교제를 통해 규정되듯이, 종교의 한 개인인 모든 실증종교들도 항상 이미 다른 실증종교들과의 교환 속에 서 있다고 말합니다.[21]

그는 기독교의 내용은 모든 종교적 경험 전반의 구조와 주제를 이루는 것과 다름없고, 이런 점에서 기독교 역시 모든 종교들 가운데 하나에 불과한데, 그럼에도 기독교가 가장 고등한 종교인 이유는 기독교가 말하는 죄론을 통해 유한과 무한을 참으로 중재할 수 있기 때문이라고 말합니다. 우리는 이런 그의 주장에서 종교 다원주의적 요소가 발아됨을 볼 수 있습니다.

종교에 관한 강연의 의의

종교에 관한 슐라이어마허의 이 강연에는 몇 가지 의의가 있습니다.

첫째, 슐라이어마허는 이 강연에서 종교는 지식이나 의지가 아니라 직관과 감정이라고 말합니다. 그는 종교를 이성 활동으로 보는 헤겔과, 의지 활동으로 보는 칸트와 분명히 다르게 이해합니다.

둘째, 무한은 유한 안에 내재해 있으며 유한을 통해 무한을 파악할 수 있다는 독일 낭만주의 영향이 크게 나타나

---

21. Pannenberg, *Problemgeschichte der neueren evangelischen Theologie in Deutchschland*, Vandenhoeck und Ruprecht, Göttingen 1997, 57.

있습니다. 이는 범신론의 오해를 받게 하는 대목입니다.

셋째, 그는 우리가 자연을 통해 신을 파악할 수 있지만, 개별적인 것을 이성적으로 분석하여 아는 자연과학적 인식 방법으로는 파악할 수 없고, 개별적인 것은 반드시 전체와의 관계에서 그리고 우주(신)와의 관계를 통해서만 인식될 수 있다고 보았습니다.

넷째, 그는 신은 자연을 통해서뿐만 아니라 이 세상에 나타난 (신의) 역사를 통해서 파악할 수 있다고 보았습니다. 역사 안에 나타난 여러 실증종교들은 다양한 사람들의 종교적 체험의 해석이라고 볼 수 있습니다.

다섯째, 그는 타종교에도 신 인식에 대한 파편들이 존재하지만 기독교의 다른 점은 유한한 것과 무한한 것의 중재가 필요하다고 강조한 점이라고 말했습니다. 또한 이신론과 같은 자연종교와 기독교의 차이점을 유한과 무한의 중재사상에서 보았습니다. 기독교는 모든 종교와 공통점이 있지만 종교들 가운데 더 높은 반성의 단계를 나타난다고 보았습니다.

슐라이어마허는 계몽주의로 인해 소홀히 여겨지고 약화되고 왜곡되었던 기독교 전통의 내용을 이런 새로운 방법으로 조명했습니다. 중재 사상뿐 아니라 죄론과 그리스도를 통한 구속에 대한 가르침으로 말미암아 기독교의 근본 진리를 다시 유효하게 만들었습니다. 하지만 안타깝게도 그의 종교론에는 기독교에서 말하는 하나님이란 단어가 거의 나오지 않습니다. 판넨베르크는 이것에 대해 비판합니다.

> 그(슐라이어마허)에게 있어 종교적 경험을 위한 토대를 이루는 것은 하나님이 아니라 우니베르숨, 무한 그리고 전체다.[22]

슐라이어마허의 종교관은 철저히 모든 것이 신이라고 믿는 범신론적 종교관이거나 유한은 무한의 일부분이라고 말하는 낭만주의적 종교관입니다. 우리는 인간이 자신의 종교적 소질을 통해 과연 우니베르숨과 연결할 수 있으며, 또 전체 속에서 부분을 볼 수 있는지를 묻지 않을 수 없습니다. 그는 이성의 능력을 비판하면서 직관에는 너무 많은 능력을 부여합니다. 그의 종교론은 한마디로 일반 종교론이지 기독교적 종교론이 아닙니다.

『신학연구 입문』

『신학연구 입문』[23]은 슐라이어마허가 베를린대학교 신학부 학장을 맡으면서 학생들에게 강의했던 내용을 출간한 것

---

22. Pannenberg, *Problemgeschichte*, 60.
23. *Kurze Darstellung des theologischen Studiums*, 1811년 초판, 1830년 개정 2판.

입니다. 백과사전의 형식을 취하고 있으며, 하나의 신학 이론이라고도 볼 수 있습니다. 신학의 과제가 무엇인지, 신학을 어떻게 세울 것인지, 그리고 다른 전공과의 연관성에 대해 설명하고 있습니다.

첫째, 그는 신학은 실증학문이라고 말합니다. 철학이 추론학문이라면 신학은 주어진 증거 자료를 가지고 연구하는 실증학문(Eine positive Wissenschaft)이라고 합니다.

둘째, 그러므로 기독교적 신학은 그것들의 소유와 사용 없이는 기독교회를 조화롭게 인도할 수 없다고 말합니다. 그는 기독교회를 이끄는 데 필요한 학문적 지식과 예술 법칙의 총체개념이 바로 신학이라고 말합니다.

셋째, 그는 신학을 주어진 과제와 실천의 연관을 통해 구성되는 실증학문으로 이해합니다. 신학은 구체적으로 기독교회를 이끌어 갈 목사와 교사를 양성하는 과제를 가지고 있다고 말합니다.

넷째, 이렇게 이해된 신학은 다른 모든 학문들 위에 한 자리를 요구하는 학문도 아니고, 다른 전문 학문들 곁에 있는 개별 학문도 아니며, 여러 학문 분야들을 연합하고 결합(Zusammenschluss)시키는 학문이라고 말합니다.

다섯째, 슐라이어마허는 신학을 크게 세 부분으로―철학적 신학, 역사신학, 실천신학으로―구분합니다. 그중에서도 실천신학을 가장 중요하게 여깁니다. 실천신학은 주제 영역으로서 지도하는 행위의 형식과 규칙인데, 신학은 일반적으로 이 형식과 규칙에서 과제를 받는다고 말합니다. 신학적 연구는 교회의 실천적 필요에 따라 수행되어야 한다고 말합니다.

실천신학에 대한 슐라이어마허의 이런 규정을 통해, 실천신학은 신학의 한 분과로 자리매김하게 되었습니다. 이런 이유로 그는 학문적 실천신학의 창시자로 여겨집니다. 이 책의 초판에서 그는 역사신학이 "몸통"(Körper)이고, 철학적 신학은 "뿌리"(Wurzel)인데 반해, 실천신학은 "신학 연구의 면류관(Krone)"이라고 부르며 실천신학의 위치를 격상시킵니다.

그러나 그는 실천신학은 역사신학에 의존해야 한다고 봅니다. 그 이유는 지도하는 행동의 이론으로서 실천신학은 이끌어야 하는 전체의 지식을 전제하는데, 전체의 지식은 그 근원에 대한 역사에서 파악해야 하기 때문이라고 말합니다. 또한 역사신학은 과거보다 현재의 측면을 강조합니다. 그는 당시의 역사를 보여 주는 『주경신학』, 『교회 역사』 곁에 『기독교의 현 상태에 대한 역사적 지식』을 놓습니다. 그러나 역사신학 역시 철학적 신학이 필요하다고 말합니다. 이는 역사신학은 결국 이해의 범주들에 의존해야 하는데, 이런 이해의 범주들은 종교 이론과 기독교의 본질 규정의 맥락에서 얻어야만 하기 때문이라고 주장합니다.

『기독교신앙』에 나타난 종교 이해

슐라이어마허는 초기 저술에 비해 훨씬 더 교회를 위한 교의학을 쓰고자 합니다. 그 책이 바로 『기독교신앙』[24]입니다. 그러나 여전히 전통적 교의학과는 다른 길을 걷습니다. 성경과 전통에 기초하여 교의학을 구성하기보다는 인간 안에 있는 종교적 감정을 통해 교의학을 세우려고 합니다. 책의 서문에 이런 의도가 잘 드러나 있습니다.

서문의 요약 정리 부분에 나타난 종교 이해와 교의학의 과제에 대한 그의 입장부터 살펴보겠습니다. 우리는 그가 의도적으로 교회적인 신학을 쓰려고 노력하는 모습을 엿볼 수 있습니다. 무엇보다 중요한 변화는, 그가 초기에 즐겨 썼던 '종교'라는 단어 대신 '경건'(Frömmigkeit)이라는 단어를 사용한 것입니다.

---

24. Schleiermacher, *Der christliche Glaube(1830/31)*, Herausgegeben von Martin Redeker, Walter de Gruyter, Berlin und New York 1990. (『기독교신앙』 한길사)

"경건은 감정이나 직접적인 자의식의 규정이다."

> 모든 교회 공동체의 토대를 이루고 있는 경건은, 순전히 그 자체로만 고찰할 때, 지식(Wissen)이나 행동(Handlung)이 아니며, 도리어 감정(Gefühl)과 직접적인 자의식(Selbstbewußtsein)의 규정이다.[25]

여기에 사용된 '경건'이라는 단어는 라틴어로 '피에타스'(pietas)인데, 종교개혁자들이 자주 사용하던 용어입니다. 그가 종교개혁의 전통 위에 자신의 신학을 세우려 했다고 볼 수 있는 대목입니다. 그는 경건이 모든 교회 공동체의 토대라고 보는데, 이 경건은 순전히 그 자체로 고찰할 때 지식이나 행동이 아니라고 말합니다. 이런 정의를 통해 경건을 행동과 연결시키는 칸트주의자와, 경건을 지식과 연결시키는 헤겔주의자를 함께 비판하고 있습니다. 그는 경건을 감정(Gefühl)과 관계시키면서 경건은 감정의 규정 혹은 직접적인 자의식의 규정이라고 말합니다.

경건에 대한 정의의 아주 놀라운 변화입니다. 그에게 경건은 자신이 지금 하나님을 어떻게 느끼는지를 정의하는 것이고, 하나님 앞에서 자신의 자의식이 어떤 상태인지

---

25. Schleiermacher, *Der christliche Glaube*, 14.

를 분석하는 것입니다. 하지만 이런 경건 이해는 종교 개혁의 전통에서 탈선한 것입니다. 칼빈이 이해한 경건과 너무 다릅니다. 칼빈은 경건을 이렇게 정의했습니다.

> 어떤 종교도 없고 어떤 경건도 없는 곳에서는, 내가 적절하게 말하건대, 우리는 결코 하나님을 알 수 없다.… 하나님의 능력을 느끼는 것, 이것은 우리를 위한 경건의 가장 적합한 선생이다. 이로부터 종교가 태어난다. 그러므로 나는 경건을 그분의 자비에 대한 지식이 제공하는 하나님에 대한 사랑과 결합된 공경이라고 부른다.[26]

칼빈도 경건의 정의에서 하나님의 능력에 대한 느낌을 중요하게 여깁니다. 하지만 그는 참된 경건에는 하나님에 대한 사랑과 결합된 공경이 있어야 하고, 이런 공경은 하나님의 자비에 대한 지식에서 나와야 한다는 점을 분명히 합니다. 다시 말해, 그는 경건을 말할 때 하나님에 대한 올바른 지식과 그 지식에서 나오는 사랑의 공경에 바탕을 두고, 그런 다음 하나님의 능력에 대한 느낌을 말합니다.

하지만 슐라이어마허에게는 경건의 요소 가운데 하나

---

26. Calvin, *opera selecta*, Edited von Petrus Barth, Vol., II, Chr. Kaiser. 34-35: "Nam hic virtutem Dei sensus nobis idoneus(fit teacher) est pietatis magister, ex qua religio nascitur … Pietatem voco coniunctam cum amore Dei reverentiam quam beneficiorum eius notitia conciliat.

님에 대한 지식(notitia)이—즉 그분이 우리에게 주신 은혜와 능력에 대한 지식이—빠져 있습니다. 신에 대한 올바른 지식에서 사랑과 결합된 공경이 나오는데, 그는 이 점을 빠뜨립니다. 물론 칼빈도 감정에 대해 이야기하지만 신에 대한 올바른 지식에서 흘러나오는 사랑의 감정을 말하는 반면, 슐라이어마허는 신에 대한 지식이 없는 감정을 말합니다.

슐라이어마허는 사실상 신에 대한 지식은 교회나 교리를 통해 배워서는 안 되며, 도리어 자신 안에 이미 주어져 있다고 봅니다. 신에 대한 이 지식은 선천적인 측면, 신과의 관계 경험 혹은 세계 경험에서 얻은 것들인데, 이것들이 신에 대한 지식을 자신 안에 형성하여 신에 대해 느끼게 되는 것이라고 말합니다. 감정 혹은 직접적인 자의식을 분석해 보면 우리가 도리어 신에 대한 올바른 지식을 갖게 된다고 보는 관점이니, 주객이 전도된 것입니다.

"경건의 본질은 우리가 하나님과의 관계에서 자신을 절대의존(die schlechthinnige Abhängigkeit)의 존재로 인식하는 것이다."

그는 "경건의 본질은 우리가 자신을 전적으로 의존하는 자로, 하나님과 관계를 맺고 있는 존재로서 의식하는 것이다"[27]고 말합니다. 이것은 경건의 본질인 종교적 감정의 뿌

---

27. Schleiermacher, *Der christliche Glaube*, 23.

리를 파헤쳐 보면, 우리가 하나님과의 관계에서 절대적으로 의존적 존재임을 인식하고 있다고 보는 것입니다. 우리는 그가 경건의 토대를 신에 대한 인간의 절대의존 감정에서 찾고 있음을 알 수 있습니다. 하지만 우리는 이렇게 물을 수 있습니다. "과연 인간의 절대의존 감정이 우리 경건의 토대가 될 수 있는가?"

이후에 등장한 자유주의자들은 경건에 대한 슐라이어마허의 이해를 비판했습니다. 특히 신정통주의자 바르트는 절대의존 감정 대신 우리를 향한 하나님의 절대적 사랑을 경건의 본질로 내세우며 그를 비판합니다. 앞에서 칼빈이 말했던 것처럼, 개혁주의 신학에서 경건은 우리를 향한 하나님의 자비와 능력을 배우고, 하나님을 믿는 가운데 하나님께 돌려드리는 사랑이 동반된 공경입니다. 여기서 우리는 슐라이어마허가 경건을 인간 중심으로 이해했다는 것을 발견하게 됩니다.

"우리가 기독교회의 교제에 참여하는 길은 오직 구속자 되신 예수 그리스도에 대한 믿음 외에 다른 길은 없다."[28]

이 말만 보면, 그의 신학이 예수 그리스도 중심의 신앙이라고 볼 수 있습니다. 하지만 다음의 말을 보면, 그가 과연 우

---

28. *Der christliche Glaube*, 24.

리가 믿는 예수님을 믿고 있는지에 대한 의구심이 듭니다.

역사 속에서 구속자의 나타남은 신적 계시로서 전적으로 초자연적인 어떤 것이나 혹은 전적으로 초이성적인 어떤 것이 아니다.[29]

그는 예수님이 이 세상의 모든 인간과는 다르다는 것은 인정하지만 예수님을 사람의 몸을 입고 온 하나님의 아들로 보지는 않습니다. 즉 키릴로스(Cyril)를 중심으로 한 알렉산드리아 학파의 로고스 기독론을 부정합니다.[30] 그는 이렇게 말합니다.

그럼에도 불구하고 나는 그(예수님)와 다른 모든 인간의 차이에 대한 가장 엄격한 입장이라 해도, 하나님의 아들로서 그의 나타남 역시 뭔가 자연적이라고 말하는 것을 방해하지 않아야 한다고 주장하는 바다. 왜냐하면 먼저 정말로 확실하게, 그리스도는 인간이었음에도 불구하고 인간의 본성 속에서도 그리스도 안에 있었던 신적인 것을 자신 안으로 받아들일 가능성이 반드시 있어야 하기 때문이다.[31]

---

29. *Der christliche Glaube*, 86.
30. 로고스 기독론의 핵심은, 예수님이 하나님의 아들이라는 점을 강조하는 것이다. 하나님이신 예수님이 사람의 모습을 입고 이 땅에 오셨다는 것이다.
31. *Der christliche Glaube*, 89.

슐라이어마허는 예수 그리스도는 신적 본성을 입을 가능성이 있는 한 인간에 불과하다고 보았습니다. 안티오키아(안디옥) 학파 네스토리우스(Nestorius)가 말하는 것처럼, 그리스도는 순종을 통해 하나님의 아들로 승격된 인물이고, 이 점에서 그는 우리 인류에게 본이 된다는 것입니다.

예수님은 하나님에 대한 절대의존 감정에서 하나님의 계명을 충실히 이행했고, 이런 본이 되는 삶으로 말미암아 다른 사람들을 감화시킨 인물에 불과하며, 우리 죄인들의 본이 되는 분이라고 말하는 것입니다. 우리 역시 그 본을 따라 절대의존 감정을 가지고 살아간다면 그분과 같이 될 수는 없을지라도 그에 근접할 수 있다고 말하는 것입니다.

"하나님에 대한 신앙의 말은, 절대의존 감정(das schlechthinnige Abhängigkeitsgefühl) **자체에 대한 확신과 다름없다."**[32]

그는 하나님에 대한 신앙의 말은, 우리 밖에 세워진 본질을 통해 그 본질과 우리의 관계를 표현하면서 제한되는 것을 뜻한다고 봅니다. 또한 신앙이라는 것은 순전히 사실에 대한 완전한 내적 확신이라고 봅니다. 그리스도에 대한 신앙이라는 표현은, 하나님에 대한 신앙과 마찬가지로, 원인으로서 그리스도의 영향으로 말미암은 상태의 관계라고 말합니다.[33]

---

32. Die Gewissheit über das schlechthinnige Abhängigkeitsgefühl als solches.
33. *Der christliche Glaube*, 95.

하지만 그가 말하는 대로 신앙을 정의한다면, 신앙은 전적으로 내적 확신의 문제가 됩니다. 내가 신이 살아 계심을 마음으로 느끼면 나는 신을 믿는 것이 됩니다. 하지만 신앙이란 내 느낌과 감정을 초월하여 하나님이 약속하신 말씀을 믿는 것입니다.

그는 그리스도에 대한 신앙도 그리스도가 내게 영향을 주어서 내 안에 생겨난 그리스도에 대한 감정 상태라고 정의합니다. 하지만 사실은 내 안에 일어난 영향과 관계없이 그리스도를 믿는 것이 그리스도에 대한 올바른 믿음입니다. 그리스도를 믿으면 그분의 영향력이 나타나게 됩니다.

"『기독교신앙』이 세우고자 하는 문장들은, 인간 삶의 정황에 대한 기술, 혹은 신적 속성에 대한 개념이나 행동 방식에 대한 기술, 혹은 세계의 상태에 대한 기술이다."[34]

그가 이 책의 문장들에서 가장 중요하게 생각한 것은 인간 삶의 정황에 대한 기술입니다.[35] 신적 속성에 대한 기술 혹은 세계의 상태에 대한 기술은 부차적이고 수식적인 기술에 불과합니다. 그에게 윤리는, 인생 초기에 할레대학교에서 배웠던 칸트 못지않게 중요한 요소입니다. 그는 자신을 계몽주의의 배척자가 아니라 계몽주의의 완성자로 이해합

---

34. *Der christliche Glaube*, 163, 165.
35. 칼 바르트가 이 점을 잘 지적하고 있다. *Die protestantische Theologie*, 400ff.

니다. 그 역시 가장 이상적인 도덕으로 인류를 계몽시키고 그런 이상적인 나라를 만드는 것을 목표로 삼고 있습니다. 다만 이런 이상적인 사회는 종교 없이 철학의 힘만으로는 불가능하다고 보았습니다.

그는 플라톤이 꿈꾸었던 이상사회를 꿈꾸었지만 플라톤과는 다른 방법으로 도달하려고 했습니다.[36] 인간이 신에 대해 경건한 감정을 일깨울 때 도덕적 선을 가장 잘 행할 수 있다고 보았습니다. 절대의존 감정을 중심(Mitte)으로 만들고, 이것을 통해 이성과 의지를 올바른 방향으로 가도록 조종하려 했습니다.

슐라이어마허에 따르면, 경건한 감정을 자극시켜서 절대의존 감정을 갖게 하는 종교의 기능이 가장 중요합니다. 그는 철인 통치를 꿈꾸었던 플라톤과는 달리 종교인이 통치하는 종교적 이상사회를 건설하고자 합니다. 프러시아 황제의 신하로서 그가 이루고자 하는 방향을 철저히 따르되 종교 교육을 장려하여 종교적 나라 프로이센을 건설하자고 제안했습니다.

이제 그의 신학의 핵심이라고 할 수 있는 죄와 은혜에 대한 입장을 살펴보겠습니다.

---

36. 그는 그리스어로 된 플라톤의 저작을 독일어로 번역할 정도로 플라톤을 좋아했다.

슐라이어마허의 신학 핵심: 죄와 은혜에 대한 이해

슐라이어마허가 죄와 은혜를 어떻게 이해하고 있는지를 보여 주는 내용은 "『기독교신앙』의 본론에 나타난 신앙 이해"의 두 번째 부분 가운데 "경건한 자의식 사실의 발전, 이 경건한 자의식이 어떻게 대립을 통해 규정되는가"에 나옵니다.[37] 그는 신 의식과 함께 경건한 자의식이 어떻게 형성되는지를 설명합니다. 죄인인 우리가 죄의식을 갖고 구속자에 근거한 은혜 의식을 가질 때 경건한 자의식과 은혜 의식이 생겨난다고 말합니다.

> 우리가 일반적으로 신 의식이 흥기(興起)한 자의식에서 그리고 자의식과 함께 형성되는 방식을 단지 개별적인 것의 사실에 소급할 수 있다면, 기독교 경건의 본래성은 우리가 우리 상태 속에서 하나님으로부터 떨어짐을 죄의식이라고 부르는 근원적 행위로 의식하게 된다. 그러나 그 안에서 하나님과 공통된 것을 우리가 은혜라고 부르는 구속자의 전달에 근거하여 의식하는 데 있다.[38]

그는 우리의 경건한 자의식이 발전하려면, 우리가 먼저

---

37. *Der christliche Glaube*, 2. Zweiter Teil: Entwickung der Tatsachen des frommen Selbstbewusstseins, wie sie durch den Gegensatzt bestimmt wird.
38. *Der christliche Glaube*, 344-355.

죄의식을 가져야 하고, 그것을 우리의 근원적 행위로 의식해야 한다고 말합니다. 그다음에 그 죄의식 안에서 하나님과 공통된 것을 찾아야 합니다. 그 공통된 것은 하나님의 은혜이며, 하나님이 구속자를 보내시면서 그분의 은혜를 전달해 주셨다는 것을 근거로 의식해야 합니다. 즉 자의식이 발전하려면 먼저 죄의식이 오고, 그다음에 은혜 의식이 와야 한다는 것입니다.

죄의식의 발전(Entwicklung des Bewusstseins der Sünde)

슐라이어마허의 신학을 이해하려면, 그가 죄를 어떻게 이해하는지를 알아야 합니다. 그는 죄를 전통적 관점에서 이해하지 않습니다. 죄를 인간의 상태로 규정합니다. 그는 첫 번째 단원의 소제목을 "인간의 상태로서 죄"(Die Sünde als Zustand des Menschen)로 붙이고, 죄에 대한 자신의 견해를 말합니다. 죄란, 죄의식이나 은혜 의식이 아직 부족한 상태라서 신을 절대의존하지 않는 상태로 봅니다. 그러나 개신교 정통신학에서는 죄란 상태이기 이전에 하나님과의 관계가 파괴되고 전도된 것으로 봅니다. 하지만 슐라이어마허는 신 의식의 자유로운 발전을 방해하는 모든 것을 죄로 봅니다.[39]

---

39. *Der christliche Glaube*, 355.

그는 우리가 객관적 죄론에 대해서는 말할 수 없고 단지 신 의식과의 관계에서만 죄를 규정할 수 있다고 매우 파격적으로 주장합니다. 이 말은 "네 이웃의 집을 탐하지 말라"는 계명을 어겨도, 이것이 신 의식의 발전을 방해하지 않는다면 죄가 되지 않는다는 뜻으로 오해할 만한 여지를 남깁니다. 이와 반대로, 개신교 정통주의 신학에서는 우리의 판단이나 느낌에 의해 규정하거나 혹은 우리의 신 의식의 발전 여부와 관계없이 성경이 죄로 규정하는 것을 죄라고 부르기 때문입니다.

그는 죄를 신 의식에 대한 방향이 우리 안에서 아직 나타나지 않았던 한 시기의 능력이나 행위로 봅니다.[40] 그는 죄가 하나님과의 관계가 아니라 우리 안에서 생겨나는 문제로 보는 엄청난 잘못을 범하고 있습니다.

죄는 하나님과의 관계에서 일어난 역사적이고 실제적인 사실입니다. 우리의 느낌과 관계없이 아담의 죄 때문에 우리는 죄인으로 태어납니다. 죄의식을 가지기 때문에 죄인이 아니라, 죄인이기에 죄의식을 갖는 것입니다.

또한 슐라이어마허는 죄를 자연(본성)의 장애 정도로만 봅니다.[41] 죄는 본성에 소음을 일으킨 정도이지 죄가 인간의 근원적 완전성에 손상을 준 것은 아니라고 말합니다. 인

---

40. *Der christliche Glaube*, 358.
41. *Der christliche Glaube*, 360-361.

간은 아담의 죄로 인해 부분적으로 타락한 것이지 전적으로 타락한 것은 아니라는 말입니다. 그러나 정통신학의 관점에서 볼 때, 죄는 인간의 본성을 파괴했습니다. 그러므로 인간의 근원적 완전성은 파괴되었습니다.

그는 죄를 본성의 장애 정도로만 규정하기 때문에, 육체가 영에 대항하듯 죄가 적극적으로 저항하더라도 신 의식을 지속적으로 강화하면 죄의 힘이 소멸된다는 낙관적 입장을 가집니다.[42] 이런 낙관적 입장은 마귀에 대한 생각에도 드러납니다. 그는 마귀에 대한 가르침은 신약의 핵심적 가르침이 될 수 있고, 마귀는 우리 힘으로 얼마든지 제압할 수 있다고 봅니다.[43]

은혜 의식의 발전(Entwicklung des Bewusstseins der Gnade)

슐라이어마허는 죄가 피할 수 없는 것이라는 사실을 의식할수록 구속의 가치가 더 커진다고 말합니다. "자연적 상태와 결합된 불행은, 죄를 피할 수 없다는 사실을 인정하면서도, 죄는 스스로 감해진다는 전제로도 제거될 수 없다는 사실을 우리가 더 분명하게 의식할수록, 구속의 가치는 훨씬 더 높아진다."[44]

---

42. *Der christliche Glaube*, 365.
43. *Der christliche Glaube*, 215.
44. *Der christliche Glaube*, Der Gegensatzes Andere Seite: Entwickung des Bewusstseins der Gnade, 1-15.

그는 이어서 우리가 어떻게 하면 복된 상태에 이를 수 있는지를 말합니다. 우리가 복된 상태에 이르려면, 우리 삶이 은혜를 통해 '새롭게 신적으로 일으켜진 전체의 삶'(in einem neuen göttlich gewirkten Gesamtleben)에 근거해 있으며, 이 새로운 삶이 죄로 인해 생겨난 부분적이고 파편적인 이전의 삶과 그 안에서 발전된 불행에 맞서서 역사하고 있다는 사실을 의식해야 한다고 주장합니다.[45]

그는 우리가 이런 새로운 삶을 받는 것을 구속이라고 부릅니다. 예수님의 구속 활동으로 인해 우리가 구속 받았다고 말합니다. "이런 예수님의 활동에 소급하는 전체의 삶 속에서 구속은 그분 무죄의 완전성을 전달함으로써 그분을 통해 일으켜진다."[46] 이 말을 풀어 보면 이렇습니다. 예수님은 어떻게 우리를 구속하시는가? 예수님은 전 생애를 죄 없이 완전하게 사셨습니다. 그분은 자기 무죄의 완전성을 전달함으로써 우리를 구속합니다. 우리는 그분 무죄의 완전성 때문에 구속 받는 것입니다. 슐라이어마허는 우리가 구속 받는 근거가 예수님의 대속적 죽음이 아니라, 그분이 죄 없이 완전하게 살았다는 것 때문이라고 말합니다.

그는 이 '새로운 전체의 삶'은—이전의 부분적이고 파편적인 삶이 아니라—구속자 그리스도와 교제함으로써 받을

---

45. *Der christliche Glaube*, Der Gegensatzes Andere Seite, 15-18.
46. Der Gegensatzes Andere Seite, 18-23.

수 있다고 말합니다. 우리는 그분과의 교제 안에서 무죄의 완전성과 복을 받을 수 있으며, 이런 축복은 우리가 가진 어떤 조건 때문이 아니라 그분과 교제를 갖기만 하면 그로부터 자유롭게 나온다고 주장합니다. 은혜를 받은 사람은 구속의 욕구를 가질 수 있으므로, 구속의 욕구를 가지고 그런 축복을 자신 안으로 자유롭게 받아들이면 된다고 말합니다.[47]

슐라이어마허는 신자들이 이런 구속의 은혜를 경험하면서 예수님을 구속자이자 동시에 신적 존엄을 가진 분으로 의식해야 한다고 주장합니다. 또한 구속자의 본래적 활동과 배타적 존엄은 서로 밀접한 관계가 있으므로 신자들의 자의식 안에서 이 둘이 분리되지 않고 하나를 이룬다고 주장합니다.[48]

그는 구속자와 우리의 관계를 원형적인(Urbildlich) 것과 역사적인(Geschichtlich) 것의 관계로 설명합니다. 구속자는 원형적인 것으로서 역사적인 것 안에 자신을 나타내야 했다고 말합니다.

> 새로운 전체의 삶의 자기 활동이 근원적으로 구속자 안에 있고, 그로부터 시작되어야 한다면, 구속자는 역사적인 개별 존재이면

---

47. Der Gegensatzes Andere Seite, 29-31.
48. Der Gegensatzes Andere Seite, 31-34.

서 동시에 원형적인 존재가 되어야 했다. 다시 말해, 원형적인 것이 그 안에서 완전히 역사적인 것이 되어야 했다. 그리고 자신의 모든 역사적인 순간은 동시에 원형적인 것을 자기 안에 지니고 있어야 했다.[49]

그는 죄로 인해 파편적이 된 우리 삶을 본래 전체의 삶으로 만들기 위해 구속자가 역사적 존재로 오셔야 했고, 역사적 존재의 삶을 통해 원형적인 것을 나타내야 했다고 주장합니다. 다시 말해, 그분이 우리 안에 오셔서 우리와 함께 살면서, 구속 활동을 통해 자신이 구속자임을 나타내시고, 우리가 구속자와 교제함으로써 그런 삶에 참여하게 해 주셨다는 뜻입니다. 무한이 유한 안에 내재한다는 초기의 신학이 이제는 역사적인 개별적인 것 안에 원형적인 것이 나타난다는 도식으로 바뀌고 있습니다.

슐라이어마허는 구속자가 인간 본성의 동일성에 의해 다른 모든 인간과 같지만, 그의 신 의식의 영속적 능력을 통해 다른 인간과는 구분된다고 주장합니다.[50] 그리스도의 구속 활동을 구속자가 자신의 신 의식의 능력으로 신자들을 받는 것이라 보고,[51] 그리스도의 화해 활동을 구속자가

---

49. Der Gegensatzes Andere Seite, 34-43.
50. Der Gegensatzes Andere Seite, 43-48.
51. Der Gegensatzes Andere Seite, 90-97.

자신의 희미해지지 않은 축복의 교제 속으로 신자들을 받아들이는 것이라고 봅니다.[52] 하지만 그는 신자들이 아무리 신 의식을 가지고 노력해도 구속자 예수님의 "독특하고 따라잡을 수 없는 자질"을 능가할 수 없다고 말합니다.[53]

죄와 은혜에 대한 이해의 문제점

슐라이어마허는 그리스도의 구속 활동을 경건한 죄의식과 은혜 의식을 일깨우는 것으로 해석합니다. 그러나 그리스도의 구속 활동은 신자에게 신 의식을 일깨우도록 도와서 신의 전체 삶에 참여하게 해주는 정도가 아닙니다. 그분의 구속 활동은 인간의 원죄를 용서하기 위해 필연적으로 일어난 사건이었습니다.

그리스도의 구속 활동이 없었다면 우리는 용서 받지 못했을 것입니다. 인간이 그리스도를 믿고 죄를 용서 받을 때 비로소 죄의식이 생겨나고 은혜에 대한 감사 의식이 생겨납니다. 즉 하나님과의 관계에서 일어난 객관적 구속 활동으로 말미암아 주관적 죄의식과 은혜 의식이 발전되는 것입니다. 그리고 그리스도와 지속적으로 교제함으로써 우리가 신적 선물들을 받는 것이 아니라, 그리스도의 객관적 화

---

52. Der Gegensatzes Andere Seite, 90-97.
53. Kurt Nowak, *Schleiermacher, 2. Auflage*, Vandenhoeck & Ruprecht, Göttingen 2002, 424.

해 사건을 통해 이미 하나님과 화해가 이루어져서 우리가 믿음으로 그것을 받는 것입니다. 슐라이어마허는 하나님과의 화해도 현재적이고 주관적으로 이해합니다.

슐라이어마허의 신학에 대한 평가

슐라이어마허의 신학을 비판한 대표적인 사람들은 판넨베르크와 바르트입니다.

판넨베르크의 비판

판넨베르크는 슐라이어마허가 추구하는 신학적 방법은 그리스도의 실현으로 인해 결정되는 그리스도인의 종교적 의식 내용을 기술하려는 것이라고 말합니다. 그는 방법론에서 결정적으로 중요한 것은, 신이나 세계나 인간에 대한 신학적 명제를 구국적인 것에 대한 인간의 실존적 참여에서—즉 인간의 종교적 의식에서—이끌어 낸다고 봅니다. 또한 현재의 영생을 강조하면서 요한복음을 강조하고, 사제나 권위보다는 성령의 임재를 강조하면서 교의적 요소를 소홀히 하여 전통적 교의신학에서 가장 앞에 있어야 할 삼위일체론을 가장 뒤에 배치하고 중요하지 않게 다룬다고 비판합니다.

판넨베르크는 그의 죄론도 비판합니다. 슐라이어마허

는 죄란 결여일 뿐이고, 죄란 아님이 아니고 아직 아님으로 보며, 죄가 일어난 것은 인류의 생물학적 발전에 나타난 진화과정의 빠른 속도와 인간의 도덕적, 정신적 발전의 느린 속도의 불일치 때문으로 설명한다고 판넨베르크는 평가합니다. 또한 슐라이어마허는 계시 실증주의적 자세를 취하지 않고, 자신의 종교적 감정을 계시를 이해하는 척도로 내세워 결국 주관주의에 빠졌다고 비판합니다.[54]

바르트의 비판

바르트는 슐라이어마허를 종교개혁의 계승자가 아니라 계몽주의의 완성자로 봅니다. 또한 윤리적 이상 국가를 만들려고 했던 슐라이어마허를 문화신교의 창시자로 봅니다. 프로이센의 이념을 따르며 프로이센을 문화국가로 만들려고 한 사람으로 봅니다. 또한 신학을 모든 학문의 중재 학문으로 보려고 한 슐라이어마허를 중간(Mitte)의 신학자라고 비판했습니다.

슐라이어마허에 대한 이 두 신학자의 평가에는, 그의 신학이 가진 문제점이 잘 드러나 있습니다.

저는 슐라이어마허 신학의 결정적 문제점을 네 가지로

---

54. Pannenberg, *Problemgeschichte*, 75-76.

봅니다.

첫째, 그는 신학의 원리를 객관적 성경 계시에 세우지 않고 주관적 감정에 둡니다. 그러므로 자기 감정의 변화에 따라 신 인식이 변하게 됩니다.

둘째, 그는 죄를 결핍으로 봅니다. 이것은 플라톤적으로 사고하는 것입니다. 그는 죄를 우리가 싸워야 하는 세력으로 보지 않고 선의 결핍으로 봅니다. 죄를 결핍으로 보기에 우리가 은혜 의식을 키워서 채우면 된다고 말합니다. 또한 죄를 더 높은 삶에 대한 장애로 봅니다. 즉 그는 인간은 태어나면서부터 죄 아래 팔렸으므로 그리스도의 피를 통한 구속이 반드시 필요하다는 바울의 입장과 완전히 다른 입장을 취합니다. 죄에 대해 이런 낙관적 입장을 갖다 보니 예수님을 통한 구속도 전통적 신학과는 다르게 봅니다.

셋째, 그는 예수님이 구속을 결정짓는 분이 아니라고 봅니다. 그가 말하는 구속은 죄인이 하나님과 교제를 회복하는 것이고, 예수님은 구속 활동을 통해 우리에게 은혜 의식을 일깨워 그런 교제를 매개해 주는 분에 불과합니다. 예수님은 무죄의 완전성으로 그런 교제를 이룬 분으로, 죄에 빠져 그런 교제를 이룰 수 없는 사람들에게 도덕적 감화를 주어 그들의 마음에 구속의 욕망을 일으켜서 신과의 잃어버린 관계를 회복하게 하는 분에 불과합니다.

그는 인간이 아담의 원죄로 말미암아 하나님과 원수 관

계가 되어 예수님의 십자가 보혈 없이는 구속 받을 수 없는 완전히 파멸된 상태에 처한 것으로 보지 않습니다. 자기 스스로 죄의식과 은혜 의식을 가지고 구속자를 의지한다면 다시 회복될 수 있는 존재라고 여깁니다. 그가 가장 자신 있게 기독교를 구속 종교라고 정의하는 바로 이 부분에서 가장 큰 오류를 범했다고 생각합니다. 그는 죄, 예수님, 구속을 올바로 이해하지 못했습니다.

마지막으로, 그는 예수님을 신이 아니라 인간으로 봅니다. 어떤 사람들은 슐라이어마허의 기독교적 신앙 성향은 완전히 실현된 상태에 있는 인간적 신앙 성향과 다를 바가 없으며, 그에게 성육신하신 하나님(Deus incarnatus)은 전혀 신적인 구절이 아니라고 비판했습니다. 실제로 슐라이어마허는 "자신이 역사적 예수에 매달려 있다는 사실을 믿지 않는 사람이라면, 내 책과 내 말을 하나도 이해하지 못한 것이다"라고 말할 정도로 역사적 예수를 강조합니다.[55] 그는 예수는 본래 신이 아니라 인간이었다고 선언합니다.

---

55. Nowak, *Schleiermacher*, 427.

3장

리츨

(1822-1889)

자유주의 신학의 건물을 짓다

Albrecht Ritschl

신학사적 위치

리츨은 자유주의 신학자로 알려져 있지만, 그는 그런 말 듣기를 몹시 싫어했습니다. 그는 어떤 학파도 만들려 하지 않았고, 어떤 신학자도 자신이 리츨의 제자라고 말하지 않았기 때문입니다. 그러나 이후 독일의 어떤 신학자도 리츨의 영향을 받지 않았다고 말할 수 없을 정도로 그는 신학자들과 목회자들에게 많은 영향을 주었습니다.

당시 루터 정통주의는 그를 이단아로 취급했지만 하르낙은 라이프니츠, 슐라이어마허, 바우어, 벨하우젠, 트뢸치와 함께 천재 신학자들의 반열에 넣을 정도로 그를 높이 평가했습니다.

리츨에게 신학적으로 붙여진 칭호는 자유주의자입니다. 그는 칸트의 철학에 성경의 옷을 입혀서 그의 사상을 발전시키려 했던 사람으로 평가됩니다. 하지만 그를 칸트 사상의 추종자로만 보는 것은 너무 단편적인 평가입니다. 리츨의 생애를 살펴보면, 그는 다양한 사상을 접했고 그 사상을 자기 것으로 소화하여 독창적인 사상을 만들어 냈습니다.

생애와 영향

리츨은 1822년 3월 22일 베를린에서 태어났습니다. 아버지 게오르그 리츨 목사는 슐라이어마허가 새로운 교단으로 창립한 유니온 교파에 속했고, 베를린 마리아교회의 목사였으며, 종교국장을 지냈고, 1828년에는 감독의 직책으로 슈테틴의 총회장을 역임했습니다. 리츨은 이런 아버지의 영향을 받아 평생 고백주의자와 경건주의자의 중간 길을 걸었던 슐라이어마허가 만든 유니온 파에 몸담았습니다.

리츨은 본대학교에서 공부한 후에 할레대학교로 옮겼습니다. 할레대학교에서 율리우스와 툴룩의 영향을 받았고, 21세에 철학박사 학위를 취득했는데, 그의 논문 제목은 "세상의 창조, 죄, 은혜에 대한 어거스틴의 해석"(*Expositio doctrinae Augustini de creatione mundi, peccato, gratia*)이었습니다. 그가 어거스틴을 연구했다는 점에 주목해야 하는 이유는, 어거스틴을 연구하면서 기독교 교리의 핵심인 은총론의 중요성을 배웠기 때문입니다.

학위를 마친 리츨은 튀빙겐대학교로 갔는데, 경향 비판으로 유명한 바우어(Ferdinand Christian Baur) 교수 밑에서 초기 기독교를 심층적으로 연구하기 위해서였습니다. '경향 비판'(Tendenzkritik)은 헤겔의 변증법 영향 안에서 형성되었습니다. 경향 비판의 영향을 받은 그는 신약의 본문들은 각

각 유대 기독교적 경향 아니면 이방 기독교적 경향을 가지고 있다고 봅니다. 초기 기독교는 유대 기독교(正)와 이방 기독교(反)의 긴장과 대립을 통해 유대적 - 이방적(合) 기독교로 발전되어 형성된 것으로 보았습니다. 바우어는 원시 기독교의 바울주의는 초기 가톨릭적 바울주의와 다르다고 보았습니다.

이렇게 성경을 보는 바우어의 방법은, 오늘날 교회사라는 학문의 연구 방법이기도 합니다. 우리가 가지고 있는 신약 성경의 경전들은 어느 한 사상을 계승한 것이 아니라 당시 여러 사상들이 서로 대립하면서 발전한 것으로 보는 관점입니다. 바우어의 추종자들은 여기에서 더 나아가 초대 기독교의 형성도 이런 경향 비판의 관점에서 해석했습니다.

리츨은 바우어의 지도 아래 작성하고 그에게 칭찬 받은 "마르키온의 복음과 누가의 경전적 복음"(*Das Evangelium Marcions und das kanonische Evangelium des Lukas*)(1845-1846)이라는 교수 자격 논문을 본대학교에 제출하여 교수 자격을 취득합니다. 이 논문에서 그는 자기 신학의 뼈대를 이룰 사상을 드러냅니다. 그는 복음의 하나님과 율법의 하나님을 엄격하게 구분합니다. 율법의 하나님을 부정하고 오직 복음의 하나님을 말했던 마르키온의 영향(복음 중심)을 많이 받았기 때문입니다.

1849년에는 본대학교에서 『초기 가톨릭교회의 생성』

(*Die Entstehung der altkatholischen Kirche*)을 써서 초기 가톨릭은 이방 기독교와 유대 기독교의 종합이 아니라 유대 기독교에 대한 이방 기독교의 승리로 생겨났다는 입장을 피력했습니다. 그는 칭의가 바울 신학의 핵심이 된 이유는 바로 이런 배경 때문이라고 설명했습니다.

그러나 1857년에 바우어와 결별하면서 리츨은 경향비판적 방법을 더 이상 용인하지 않습니다. "추론으로부터 실증주의로의 전환"(Eine Wendung von der Spekulation zum Positivismus)을 감행합니다. 그는 본문(Text)이 어떤 경향(Tendenz)에 빚지고 있는 것이 아니라 본문이 말하는 것이 중요하다고 보면서 사변 신학을 배척하고 점점 실증주의적 입장을 견지하게 됩니다.

리츨의 글이 아주 간단하고, 어떤 근거를 댈 때는 매우 엄격하게 대는 이유는, 그가 실증주의적 입장에서 글을 썼기 때문입니다. 하지만 그는 역사적 실증주의자들처럼 단지 과거의 사실을 확인하는 것에 그치지 않습니다. 하나님의 말씀에 대한 과거의 사실을 확인하는 것보다는 그 말씀에 대한 현재의 적용을 중요하게 여깁니다. 그는 낭만주의, 헤겔의 추론주의, 교리에 매이는 정통주의를 멀리하고, 성경적 자료를 가지고 연구하는 실증주의적 관점을—즉 역사를 통해 우리에게 남겨져 있는 신의 계시를 유일하게 신뢰할 수 있는 자료로 보는 관점을—견지하는 신학자로 전향합니다.

그는 자신을 교회적 신학자로 여겼기에 자유주의적 신학자라는 말을 듣기 싫어했습니다.

리츨은 1864년에 괴팅겐대학교의 초빙을 받고, 1889년 2월까지(생을 마치기 전까지) 조직신학 교수로 활동합니다. 그는 수많은 저서를 남겼는데, 대표작으로는 1874년에 쓴 『기독교 강요』(Unterricht in der christlichen Religion), 1879년에 쓴 『칭의와 화해』(Rechtfertigung und Versöhnung), 1880년에 쓴 『경건주의 역사』(Geschichte des Pietismus)가 있습니다. 이 저서들을 살펴보면서 그의 신학을 파악할 것입니다.

『기독교 강요』

리츨은 이 책에서 주로 진리의 확실한 근거를 추론보다 사실에 두는 자연과학의 영향을 받으며 추론신학으로부터 빠져 나옵니다. 그는 『기독교에 대한 온전하고 전체적인 입장』이라는 책을 통해 개인을 중요하게 여기는 키에르케고르보다는 칸트에게 더 많은 영향을 받고 "하나님과 화해된 교회의 관점으로" 기독교를 서술하려고 합니다.

그의 강요는 네 가지 가르침으로 설명됩니다. 첫째로 하나님 나라에 관하여, 둘째로 그리스도를 통한 화해에 관하여, 셋째로 기독교적 삶에 관하여, 넷째로 공동체적 하나님 경배에 관하여 가르칩니다. 그중 리츨이 가장 중요하게 생각한 것은 기독교적 삶에 관하여입니다. 그는 교회를 사회 구성원들에게 기독교적 삶을 가르치는 기관으로 봅니다. 바로 이 점이 그의 자유주의의 가장 주요한 특징입니다.

리츨이 기독교적 삶에 관하여 가르친 내용 가운데 핵심은 그가 "덕목들"(Tugenden)이라고 부르는 내용입니다. 그는 철학적 덕론과 심리학의 도움 그리고 칸트의 의무 개념을 빌려 와 기독교적 사회를 이루기 위해 구성원들이 갖춰야 할 덕목들을 만듭니다. 그리고 이 덕목들을 의무 개념과 연결시킵니다. 덕목들은 의무 개념에 의해 규정된 행동이요 선한 궁극적 목적을 향한 의지의 생산물로 봅니다. 그는 이 덕목들은 의무에 적합하거나 의로운 행동의 의지에 대한 반작용으로만 나올 수 있다고 봅니다.

그는 의지를 칸트처럼 굉장히 낙관적이고 엄격하게 봅니다. 어떤 학자는 리츨의 의무론과 덕론 배후에 이미 개신교의 교육과 직업사상이 있다고까지 봅니다. 개인의 교육과 도덕 활동은 항상 도덕 공동체의 목적과 관련 있어야 한다고 보기 때문입니다. 리츨은 이렇게 말했습니다. "이를 통해 도덕적 의무의 가장 큰 부분은 미리 거의 규정되어 있다. 그러므로 직업의 의무는 진정한 사랑의 의무이다."

우리는 리츨이 칸트에게 큰 영향을 받았음을 알 수 있습니다. 기독교적 삶은 인류의 궁극적 목적에 기여하는 삶이 되어야 하고, 교회는 그런 사회를 만들기 위해 기독교적 덕목을 가르쳐야 한다는 것이 이 책에서 강조하는 내용입니다. 칸트의 냄새가 물씬 나지 않습니까? 그러나 그가 펼치는 주장은 종교개혁적 기반이 너무 약합니다. 그는 기독교적 삶과 칭의론을 아직 연결시키지 못하고 있습니다.

리츨이 칭의와 기독교적 삶을 어떻게 연결시킬지를 고민하며 쓴 책이 바로『칭의와 화해』입니다. 그의 대표작이지요. 그는 이 책에서 종교개혁자 루터와 칼빈의 사상을 집중적으로 연구하는데, 자세히 읽는다면 그가 칸트의 철학과 종교개혁의 신학을 종합하려고 애쓰는 흔적을 발견할 것입니다.

『칭의와 화해』

리츨은 이 책에서 종교개혁자 루터를 새롭게 해석합니다. 그는 루터가 칭의와 그리스도를 통한 하나님과의 화해에서 자유사상을 이끌어 냈다고 보며, 이 자유사상으로 인해 중세를 넘어섰다고 봅니다. 칸첸바흐(Kantzenbach)는 이 사실을 아주 잘 지적하고 있습니다.

> 자유는 세계 독립을, 정말로 일종의 세계 지배를 제공한다. 왜냐하면 우리를 자유하게 만드는 하나님에 대한 신뢰는 인간들이 자신을 하나님 나라와 연결시킴으로써 세계의 목적으로 이해하

는 사상에 근거하기 때문이다. 우리는 세계로부터 자유하지 못하며(이것은 리츨에게 가톨릭적이다), 도리어 세계를 영적으로 지배하기 위해 자유하다.[1]

그러나 리츨은 죄가 이런 세계 지배를 가로막고 있기 때문에 인간은 먼저 죄 용서를 받아야 한다고 말합니다. 그에게 하나님은 인간의 죄를 용서해 주시는 분입니다. 하지만 리츨은 "무엇을 위해서?"라고 묻습니다. 그는 "죄 용서가 있는 곳에 삶이 있고 행복이 있다"고 루터가 말했다는 사실을 언급하면서, 우리가 루터의 이 말을 올바로 이해해야 한다고 말합니다. 그가 볼 때, 루터가 말하는 용서는 개인의 고립된 소유가 아니라 기독교적 공동체의 토대를 세우는 것입니다. 리츨은 이 말을 통해 루터의 칭의론은 개인적 체험으로 머물러서는 안 되며 공동체를 세우기 위한 기초로 삼아야 한다는 점을 암시합니다.

리츨은 하나님이 인간의 죄를 용서하시는 이유를, 그의 신학의 열쇠라고 볼 수 있는 '하나님 나라의 실현'에 돌립니다. 그는 하나님 나라가 예수님의 선포의 목적이고 지고선이자 도덕적 이상이라고 봅니다. 도덕적 세계에서는 모든 개인의 권위는 소명(Beruf)의 방식을 통해 그리고 그 소

---

1. Friedrich Wilhelm Kantzenbach, *Programme der Theologie*, Claudius Verlag, München 1978, 121.

명의 충실한 수행을 통해 조건 지어진다고 주장합니다. 즉 그런 소명을 의식하고 충실히 수행하는 사람일수록 더욱 더 큰 권위를 가진다는 뜻입니다. 리츨은 예수 그리스도는 이런 소명을 전적으로 잘 이행한 분으로 봅니다.

> 그러므로 예수 그리스도가 그의 교회를 위해 지속적 중요성을 갖는 것은, 그가 하나님 나라의 수행을 위해 전적 소명을 부여받았다는 데 있다.[2]

리츨은 '하나님 나라를 위한 부르심' 사상을 기독교 윤리를 위한 열쇠 개념이요 자기 사상의 중심에 세웁니다. 개괄적 내용은 『칭의와 화해』에서 더욱 분명히 확인할 수 있습니다. 서론에 그의 신학적 특징이 잘 드러나 있습니다.

리츨 신학의 일반적 특징

1) 모든 교리들은 기독 공동체(교회)와의 관계에서 다루어야 한다.

리츨은 성경을 기독 공동체와 관계없이 역사적으로만 연구하려는 역사 비평적 연구 방법(Historische kiritische methode)을 강하게 비판하면서 모든 교리들은 기독 공동체와의 관계에서 연구해야 한다는 점을 강조합니다.

---

2. Kantzenbach, *Programme der Theologie*, 121.

만일 우리가 자신을 종교 공동체의 일부분으로 간주하지 않는다면, 우리는 예수의 이런 목적에 어떤 특별한 관심을 갖지 말아야 하며, 그것의 가치와 의미를 발견하려고 애써서도 안 된다. 왜냐하면 기독 공동체는, 첫째로는 신약의 저자들을 통해 그리스도로 말미암아 효력이 발생한 죄 용서에 대해 확인했기 때문이고, 둘째로는 교회와의 이런 연결이 예수 종교에 이르거나 재생산하는 것으로 만족하려는 사람들에 의해, 또한 예수 안에서 단지 새로운 도덕 규칙의 창시자로만 인정하려는 사람들에 의해, 그리고 인간성의 이상을 도와준 한 사람으로만 인정하려는 사람들에 의해 무시되고 있기 때문이다.[3]

리츨은 이런 부류의 사람들은 역사 비평주의에 타협한 사람들로서 예수님을 본받을 분으로 혹은 그의 도덕적 이상을 본받으려 할 뿐이지, 우리 죄를 용서해 주신 분으로 보지 않는다고 비판합니다.[4] 이 글로만 보면, 리츨이 역사 비평학에 매우 충실했던 자유주의자 하르낙을 비판하는 것으로 보입니다. 그는 하르낙과 달리, 예수님의 말씀이 담긴 공관복음보다 바울서신을 우선시하며, 바울신학의 관점에서 공관복음을 해석하기 때문입니다.

---

3. Ritschul, *The Christian Doctrine of Justification and Reconciliation; the Positive Development of the Doctrine*, edited by H. R. Mackintosh and A. B. Macaulay, second edition, Edinburgh, T. & T. Clark, 38 George Street, 1902, 2.

4. *The Christian Doctrine of Justification and Reconciliation*, 3.

리츨은 죄 용서, 칭의, 화해라는 신학적 교리의 자료들은 그리스도의 말씀에서 직접 찾으면 안 되고 공동체 본래 의식의 상호 관계를 재현함으로써 찾아야 한다고 주장합니다.[5] 즉 우리가 죄 용서, 칭의, 화해라는 신학적 교리를 이야기하는 근거는 예수님이 직접 그런 말을 했기 때문이 아니라 기독 공동체가 그런 교리를 만들어서 반포(頒布)했기 때문이라는 것입니다. 리츨에게 신학적으로 가장 확실하고 최종적 진술은 예수님의 가르침을 기록한 공관복음이 아니라 교회 공동체가 가르친 내용을 기록한 바울서신입니다. 먼저가 교회의 가르침이고, 죄 용서, 칭의, 화해와 같은 교리에 근거하여 예수님의 가르침을 세워야 한다는 논리입니다.

이 점에서 보면 그는 루터와 같은 노선을 걷는 사람처럼 보입니다. 하지만 이후의 글들에서 볼 수 있듯이, 그의 이런 주장은 종교개혁자들의 신학을 넘어서서 자신의 고유한 새로운 신학을 펼치고자 하는 토대를 만들 뿐입니다.

2) 기독교 복음은 윤리적 성격을 가진다.

리츨은 칭의, 화해, 하나님 나라의 약속과 과제는 완성된 기독교에 대한 어떤 입장을 지배한다고 말합니다. 그러면

---

5. *The Christian Doctrine of Justification and Reconciliation*, 3.

서도 그는 하르낙을 비롯한 다른 자유주의자들처럼 하나님 나라의 윤리적 성격을 강조합니다. 기독교는 현저하게 윤리적 성격을 가지고 있으며, 이런 성격은 지고선인 하나님 나라가 단지 축복의 토대로 약속되었다는 사실에서 나타난다고 말합니다. 더 나아가 이 사실은 그리스도인으로 부름 받은 사람들의 과제라고 말합니다.

리츨은 칭의와 이 목적에 대한 신학적 관계는 직접적으로나 간접적으로 이해될 수 있다고 말합니다. 그는 칭의를 하나님이 하나님 나라의 과제를 이뤄 가는 사람들을 향한 도덕적 직무를 수행할 능력을 주는 사건으로, 더 나아가 죄인들이 결코 가지고 있지 않거나 스스로 얻을 수 없는 하나님에 대한 종교적 관계의 회복으로 해석합니다. 칭의 자체가 목적이 아니라는 말입니다.

칭의는 도덕적 활동을 할 때 필수적인(a conditio sine quo non) 도덕적 선을 행할 수 있게 만들어 주는 독립적인 귀한 자질을 주는 것입니다.[6] 칭의는 도덕적 선을 행할 때 강요하지 않고 자유롭게 행하도록 만들어 주는 신적 선물입니다. 리츨에게 칭의는 도덕 사회의 이상을 펼치기 위해 꼭 필요한 것이지만 그 자체가 목적이 될 수 없으며 칭의보다 더 중요한 것은 화해(Versöhnung)입니다.

---

6. *The Christian Doctrine of Justification and Reconciliation*, 35.

3) 화해(和解)는 칭의의 넓은 의미의 개념이다.

앞으로 좀 더 구체적으로 살펴보겠지만, 우리는 리츨이 정말 중요하게 여기는 것은 칭의가 아니라 화해라는 것을 기억해야 합니다. 이 점에서 그는 종교개혁자들과 다른 길을 걷습니다. 그에게 칭의는 화해의 일부분일 뿐이거나 화해로 나아가는 한 단계에 불과합니다. 그는 화해 개념이 칭의 개념보다 더 넓은 범위와 더 큰 정의를 가진다고 말합니다. 왜냐하면 화해는 현실적인 표현으로서 하나님이 칭의와 용서를 통해 목적하시는 효과(效果)를 표현하기 때문이라고 말합니다.

용서 받은 사람은 현실적으로 세워져야 할 관계에 들어가야 하는데, 칭의 개념에 의해 죄인들은 단지 수동적으로만 규정될 뿐이므로, 누군가 예수님을 믿고 의롭게 되었다고 해도 그 의롭게 된 사건이 하나님이 그를 어떻게 다루고 계시고, 그에게 어떤 자극을 주어서 그런 일이 일어났는지를 알리지 못한다는 것입니다. 하지만 화해 개념은 하나님에 대하여 적극적으로 반항하고 불화했던 사람들이 용서 받아 하나님을 향해 조화되는 방향으로 옮겨지고, 무엇보다도 그런 행동으로 인해 함양된 의향과 일치하는 방향으로 옮겨진다는 것입니다. 리츨은 칭의와 화해의 관계를 다음 문장에서 잘 표현하고 있습니다.

이러한 관점으로부터 하나님께서 선물로 주신 칭의가 화해된 사람들의 확고부동한 행위들 속에서 그것의 현현과 반응을 발견한다는 사실을 고려할 수 있다.[7]

리츨은 하나님이 죄인을 의롭다고 칭하는 사건은, 죄인이 하나님과 이웃과의 화해 사역을 펼칠 토대를 마련하기 위해서라는 것을 분명히 말합니다. 즉 칭의 자체가 목적이 아니라 화해가 하나님의 궁극적 의지라는 것입니다.

지금까지 이 책의 서론에 나타난 리츨 신학의 특징을 살펴보았고, 이제는 그의 주요 사상들을 살펴보겠습니다.

칭의론

리츨은 칭의를 하나님이 죄를 사하시거나 혹은 죄를 너그럽게 보아 주심으로 말미암아 죄인이 하나님과 화해되어 자녀로 입양되는 사건으로 봅니다. 그는 전통적인 전가적 칭의를 받아들이는 것처럼 말합니다. 리츨은 칭의는 그리스도를 통해 주시는 하나님의 은혜의 계시 안에서 그리스도의 의의 전가로서 다음과 같은 방식으로 작동된다고 말합니다. 하나님의 아들로서, 하나님의 사랑의 본래적 대상으로서 그리스도에게 주어지고, 그리스도에 의해 유지되는

---

7. *The Christian Doctrine of Justification and Reconciliation*, 78.

그 위치가, 신앙에 의하여 그리스도의 공동체에 속하게 된 죄인들에게도 전가되어 아버지께 나아감을 얻게 되는 방식으로 말입니다.[8]

리츨은 죄인이 은혜와 결합되어 있다는 감정적 확신을 갖는 것은―즉 개인적 확신과, 죄에 대한 느낌 속에 포함된 불신뢰를 대신하는 하나님의 은혜를 신뢰하는 것은―모든 개인에게 가능하다고 말합니다. 하지만 "만약 죄인이 이런 신앙에 따라 자신을 그리스도의 공동체에 접목시킨다면"이라는 단서를 답니다. 그에 따르면, 기독 공동체란 모든 구성원들에게 공동체 실존의 가장 근접한 이유로 용서의 약속을 나타내고, 그들을 구원하기 위해 죄 용서를 제공하는 장소이기 때문입니다.[9]

여기서 우리가 주목할 점은, 리츨이 칭의를 말하면서 그리스도의 십자가의 대속적 죽음과 그의 피에 대해 전혀 언급하지 않는다는 점입니다. 그는 "그리스도를 통한 하나님의 은혜의 계시 안에서 그리스도의 의가 우리에게 전가된다"고 말하지만, 그리스도의 속죄 사역에 근거하여 얻은 그리스도의 의를 우리에게 전가시킨다고는 말하지 않습니다. 이런 점에서 그의 칭의 이해는 전가적 칭의를 주장하는 전통적 칭의 이해와 다릅니다. 그에게 있어 하나님의 은혜

---
8. *The Christian Doctrine of Justification and Reconciliation*, 167.
9. *The Christian Doctrine of Justification and Reconciliation*, 167.

는 반드시 예수님의 십자가의 대속적 죽음과 관계를 가질 필요가 없기 때문입니다. 그의 신학이 칭의에서 출발했다고 해서 그가 전통적 신학과 같은 관점에서 말했다고 생각하면 안 됩니다.

신론(The Doctrine of God)

그의 신학의 중심은 예수님의 십자가의 대속 사건이 아닙니다. 그는 기독론보다 신론을 더 중요하게 여깁니다.

1) 하나님

그는 하나님을 "기독 공동체를 향한 사랑의 의지로서의 하나님"(God as the loving Will toward the christian community)으로 정의합니다. 하나님을 인격으로 규정하지 않습니다. 하나님은 기독 공동체를 향한 사랑의 의지일 뿐입니다. 더 큰 문제는, 아무리 사랑의 의지로서의 하나님일지라도 공동체가 그분을 그렇게 받아들일 때만 하나님으로 받아들여진다는 것입니다. 리츨은 하나님이 그의 아들을 통해 자신을 아버지로서 계시하실 때, 기독 공동체가 그들의 주(主)로서 그런 계시를 가져다주는 중보자를 인정하며 그 계시를 받아들일 때만 그 과정이 완성된다고 말합니다.[10]

---

10. *The Christian Doctrine of Justification and Reconciliation*, 273.

리츨은 하나님의 계시가 그의 아들을 통해 주어지지만 그의 아들을 통해서만 완성되지 않으며, 반드시 기독 공동체가 그의 아들을 공동체의 주로 인정해야 한다고 말합니다. 만일 공동체가 그 계시를 인정하지 않으면 하나님의 계시는 아직 미완성일 뿐이라는 것입니다. 하나님이 자신을 그의 아들과 공동체에게 사랑의 의지로서 드러내신다는 사실을 기독 공동체가 인정하고 고백할 때에야 하나님의 계시는 비로소 교회를 위한 계시가 된다고 말합니다.

여기에서 더 나아가, 리츨은 중요한 것은 하나님이 기독 공동체에 자신을 사랑으로서 드러내셨다는 사실이고, 이런 사실 외에 고려할 만한 가치를 가진 다른 개념은 전혀 없다고 말합니다. 그에게 중요한 것은 기독 공동체입니다. 하나님이 사랑의 의지를 예수님을 통해 드러내신 것만으로는 아무런 의미가 없고, 기독 공동체가 예수님을 바라보며 사랑의 의지로서의 하나님을 인정할 때만 그 계시가 완성된다는 것입니다.

리츨의 이런 주장은, 하나님 계시의 한쪽 면만 드러내는 편협한 신관입니다. 하나님은 사랑의 의지를 가지고 계시지만 죄에 대한 심판의 의지도 가지고 계십니다. 비록 자기 백성들의 모임인 교회라 할지라도, 사랑의 의지 이전에 심판의 의지를 가지고 계십니다. 그리고 이런 하나님의 심판과 사랑의 의지는 기독교회가 받아들이든 그렇지 않든 유효합니다. 하나님은 기독 공동체의 인정과 승인 없이도 하나님이십니다. 그분의 계시는 우리의 주관적 결정에 따라 좌우되지 않습니다.

2) 거룩하신 하나님은 신약시대에는 유효하지 않다.

리츨의 신론에서 우리를 당혹스럽게 하는 주장은, 구약에서 말하는 거룩하신 하나님이 신약시대에는 더 이상 유효하지 않다는 것입니다. 초대 교회에서 이단으로 정죄한 마르키온의 주장을 리츨이 하고 있는 것입니다. 그는 '신적 거룩'(Divine Holiness)은 구약의 의미에서는 유효하지만 여러가지 이유로 신약의 기독교에서는 더 이상 유효하지 않다고 합니다. '하나님이 거룩하시다'는 말씀을 신약에서 매우 모호하게 말하며, 심지어 하나님의 인격을 인정할 때조차도 사랑의 의지로서의 하나님을 규정하는 것과는 별개로 독립적 지식을 포함시키지 않기 때문이라고 말합니다.

리츨은 하나님은 인격(personality)과, 사랑의 의지로서 규정되어야 한다고 말합니다.[11] 이것은 하나님은 '사랑의 의지'라는 규정이 전제되지 않는다면 하나님은 인격이시라고 말하는 것조차 의미가 없다고 보는 것입니다. 전통적 신학과는 완전히 반대되는 주장입니다. 전통적 신학에서는

---

11. *The Christian Doctrine of Justification and Reconciliation*, 273-274.

하나님은 먼저 삼위로 존재하는 인격이시고, 그다음에 우리를 향한 사랑의 의지를 갖고 계신 분이라고 가르칩니다. 하나님은 사랑의 의지를 갖고 계셔서 존재하는 것이 아니라, 존재하시기에 사랑의 의지를 갖고 계신 것입니다.

리츨은 사랑 개념만이 하나님에 대해 유일하게 적합한 개념이라고 말합니다. 사랑 개념만이 우리가 그리스도를 통해 기독 공동체에 오는 계시를 이해하게 하며, 동시에 세계 문제를 풀어 줄 수 있다고 말합니다. 그러므로 이런 목적을 위해서는 단순한 형식적 인격 개념은 불충분하다고 말합니다.[12]

3) 우주 창조의 목적

리츨은 하나님이 우주를 창조하신 목적도 자신의 신학적 패러다임에 맞춰 해석합니다. 하나님이 우주를 창조하신 목적은 이 땅에 도덕 왕국을 세우기 위함이고, 세계에 대한 기독교적 탐구는 바로 이런 목적에서 수행되어야 한다고 말합니다. 그는 우리가 하나님을 우리의 개인적 도덕성과 도덕적 교제를 보증하기 위해 반드시 필요한 분으로 받아들여야 한다면, 우리는 반드시 우주 전체가 이러한 신적 목적에 기여하기 위해 디자인되었다는 사실을 인정해야 한다고 말합니다. 그렇지 않으면 우리의 도덕적 삶조차도 하

---

12. *The Christian Doctrine of Justification and Reconciliation*, 274.

나님의 보호 대상으로 볼 수 없다고 말합니다. 그는 전체 우주가 창조된 영들의 도덕적 왕국의 전제조건으로 고려되려면, 하나님이 철저히 이러한 목적을 위해 세상을 창조하셨다는 사실을 믿어야 한다고 말합니다.[13]

더 나아가, 리츨은 하나님이 세계 초월적 성격을 가지시며, 하나님 나라의 이념 역시 그분에게 의무를 행하도록 지음 받은 인류에 대해 세계 초월적 성격을 가지며, 그것은 모든 자연적인 것, 특히 사람들을 서로 묶는 모티브(동기)들을 초월하고 완성한다고 말합니다.[14]

4) 하나님은 사랑이시다.

리츨은 하나님이 사랑이시라는 사실을 계속 강조합니다. 하나님이 사랑이신 이유는, 자기 아들을 통해 세운 공동체에 자신을 계시하시기 때문이라고 말합니다. 그는 하나님이 자기 아들을 통해 그분의 공동체에 사랑을 나타내신 목적에 대해서도 말합니다. 하나님은 그 공동체를 하나님 왕국의 형태로 만들어 사람들이 세속을 초월한 운명을 위해 살아가게 하면서, 그분의 영광을 실현하고 인격적 목적을 성취시키기 위해서라고 말합니다.[15] 그는 하나님이 자기 아

---

13. *The Christian Doctrine of Justification and Reconciliation*, 280.
14. *The Christian Doctrine of Justification and Reconciliation*, 281.
15. *The Christian Doctrine of Justification and Reconciliation*, 282.

들과 하나님 왕국의 공동체에 대한 사랑의 의지의 계시를 통해 사랑으로 드러날 때, 사랑으로서 자신의 결정과 떨어져 있거나 먼저 있는 그 어떤 것으로도 생각되지 않는다고 말합니다.[16]

리츨의 말을 종합해 보면, 하나님은 사랑이시고 하나님의 왕국은 사랑의 왕국이며 도덕의 왕국입니다. 리츨의 신학은 이런 기본 전제에서 출발합니다. 그의 이런 생각은 용서에 대한 이해에도 드러납니다.

5) 용서

용서란 무엇인가요? 리츨은 용서는 하나님과 적극적인 신뢰 관계를 갖도록 만드는 동시에 도덕적 의무를 수행하게 한다고 말합니다. 그러면 죄는 무엇인가요? 그는 하나님 왕국에서 인간의 도덕적 완성이 일어나고 동시에 그것이 세계 안에서 하나님의 궁극적 목적으로 간주되어야 할 때, 그 실현을 방해하는 장애물이 죄라고 말합니다.[17]

그는 하나님 왕국의 궁극적 목적인 도덕의 완성을 실현하는 것을 방해하는 것이 죄라고 말합니다. 그리고 죄를 단지 부도덕으로 환원시키는 것에 대해 경계합니다. 죄는 단

---

16. *The Christian Doctrine of Justification and Reconciliation*, 280, 320.
17. *The Christian Doctrine of Justification and Reconciliation*: "For as the moral perfection of man in the Kingdom of God must at the same time be regarded as God's final end in the World, sin is an obstacle to its realization."

지 부도덕만을 의미하지 않으며, 하나님을 향한 공경의 결핍이고, 하나님에 대한 신뢰의 결핍이며, 하나님에 대한 무관심이나 불신이라고 말합니다.[18] 그는 죄를 법정적으로 이해하지 말고 관계적으로 이해하라고 말합니다.

그는 용서를 하나님 왕국의 전제 조건으로 봅니다. 그리고 죄책감이나 하나님과 인간을 분리시키는 죄의식을 무효화시키는 죄의 용서는, 왕국 구성원들의 이익을 위해 보편적으로 나누어 주는 것과 똑같은 하나님의 사랑에서 흘러나온다고 말합니다.[19] 하지만 용서는 하나님의 도덕 법규와 충돌할 수 없는데, 이는 하나님 왕국에서 우선하는 도덕 질서는 하나님이 용서하심으로 그의 사랑에 대한 신뢰로 이끌어 주셨던 사람들에게만 유효하기 때문이라고 말합니다. 그는 용서나 화해는 하나님의 사랑과 조화 속에서만 생각할 수 있으며, 그것은 도덕 법규에 대한 신적 태도와 결코 불일치하지 않는다고 주장합니다.[20]

우리는 리츨의 죄 용서 개념에 심각한 문제가 있다는 것을 보게 됩니다. 그는 용서를 말하면서도 예수님의 십자가 화목 제사는 전혀 언급하지 않습니다. 그러므로 예수님의 십자가를 통한 구속 없이 단지 하나님의 사랑으로만 죄

---

18. *The Christian Doctrine of Justification and Reconciliation*, 320.
19. *The Christian Doctrine of Justification and Reconciliation*, 320.
20. *The Christian Doctrine of Justification and Reconciliation*, 321.

가 용서될 수 있는지, 그리고 죄 용서의 목적이 단지 도덕적 의무를 수행하기 위한 것인지에 대한 질문이 생기지 않을 수 없습니다.

예수님의 죄 용서를 통해 우리는 하나님과 화목하게 되고, 하나님의 양자가 되며, 성령을 선물로 받고, 기도할 수 있는 특권을 받습니다. 또한 하나님 사랑과 이웃 사랑의 율법을 지킬 의무를 가지고, 전도의 명령을 수행해야 합니다. 용서를 단지 도덕적 의무의 수행과만 관계시킨다면 용서를 너무 협소화시키는 것입니다.

죄론

리츨의 죄론에서도 문제점을 발견할 수 있습니다. 그는 하나님 나라의 이상, 즉 지고의 도덕적 선의 실현이라는 관점에서 죄를 살펴야만 기독교적 죄 이해에 이를 수 있으며, 도덕적 이상을 붙잡고 이해하기 전에는 죄에 대한 올바른 접근이 불가능하다고 말합니다. 죄에 대한 미움은, 선에 대한 사랑과 그리스도를 통한 화해에 대한 신앙이 전적으로 일치하는 사랑에서 나온다고 말합니다.[21] 그는 이러한 자신의 죄에 대한 이해에 근거하여 전통적인 개신교 교의학의 죄 개념을 비판합니다.

---

21. *The Christian Doctrine of Justification and Reconciliation*, 329.

리츨은 전통적인 교의학은 죄 개념을 그리스도의 삶의 초상화나 그리스도가 하나님 나라 의 안에서 주셨던 교훈과 비교하지 않고, 단지 우리의 첫 부모인 아담과 하와가 죄를 짓기 전에 그들의 원의를 확증함으로써 죄 개념을 피한다고 비판합니다.[22] 즉, 현재 예수님을 통해 보여 주신 하나님의 사랑과 비교하여 죄를 생각하지 않고, 과거에 아담이 지은 죄와 비교하여 죄를 생각하는 것은 전통적인 죄론의 오류라고 말합니다.

리츨은 예수님의 사역이 중요한 것이 아니라 그의 인격(His Person)이 중요하다고 말합니다. "그러나 만약에 반대로 기독교에서 예수 그리스도가 그의 신자의 세계관과 자신에 대한 평가의 표준이라면, 교의학에서 그의 인격은 모든 교리를 규정하는 데 사용되어야 할 지식의 토대로 간주해야 한다."[23] 이러한 리츨의 주장은 종교개혁자들의 주장과 다릅니다. 종교개혁자들에게는 예수 그리스도의 고난, 십자가, 부활 등 그분의 구속 사역이 중요합니다. 이런 사역으로 말미암아 우리 죄가 사해진 것입니다. 그러나 리츨은 예수님의 인격이 더 중요하다고 말함으로써 그리스도의 십자가를 통한 구속 사역을 약화시킵니다.

리츨은 원죄를 포함한 창조 문서들로부터 나온 교의학

---

22. *The Christian Doctrine of Justification and Reconciliation*, 330.
23. *The Christian Doctrine of Justification and Reconciliation*, 331.

적 요소들은, 예수 그리스도의 삶의 과정에서 계시된 인간에 대한 영적이고 도덕적인 개념에 의해 그리고 하나님 나라를 세우려는 그의 의향에 의해서만 이해되어야 한다고 주장합니다. 즉 그는 세계의 창조, 인간의 창조와 타락 같은 교리도 도덕의 나라로서 하나님 나라의 이상에 비춰야만 올바로 이해할 수 있다고 봅니다. 또한 신앙고백서에 나타나는 인간의 원래 상태에 대해 말하는 교리적 문장 역시 삶에 대한 기독교적 이상을 미리 내다보는 것보다 더 중요한 의미를 갖지 않는다고 주장합니다.[24]

그는 인간의 창조 목적은, 인간이 하나님과 도덕적 교제를 하면서 자연에 대한 영적 자유를—즉 세계에 대한 주권을—갖게 하는 것인데, 예수님은 이런 이상을 상상할 수 있는 최고의 범위에서 완전하게 실현시켰다고 봅니다. 오직 예수님만이 하나님의 왕국을 세우라는 소명에서 한 번도 벗어나지 않고, 그 이전의 어느 누구도 결코 알지 못했던 하나님과의 교제 혹은 연합의 힘 안에서 자기 삶을 보냈기 때문이라고 말합니다.[25]

리츨은 이제 본격적으로 전통적인 원죄론에 대해 비판합니다. 어거스틴과 루터가 원죄를 잘못 이해했다고 비판합니다. 그는 어거스틴이 로마서 5장 12절 이하를 잘못 해

---

24. *The Christian Doctrine of Justification and Reconciliation*, 331.
25. *The Christian Doctrine of Justification and Reconciliation*, 333.

석하는 바람에 아담의 모든 후손이 원죄를 단지 귀결적으로 받아들이게 하여 많은 그리스도인이 개인적 삶을 죄악된 성향과 깊은 죄의식으로 시작하게 만들었다고 말합니다. 리츨은 우리가 원죄를 생각하면서 먼저 하나님의 사랑을 생각해야 하는데, 원죄를 어거스틴식으로 이해하면 도리어 죄의식만 크게 만들 뿐이라고 말합니다.

리츨은 원죄는 칭의와 비교할 때 중요성 면에서 떨어진다고 말합니다. 그리스도를 통한 칭의는 분명히 우리의 종교적 확신의 자료이므로, 바울이 "하나님께서 아담의 후손을 죄인으로 여기신다"고 기술한 신비는 그리스도 안에서 우리의 칭의와 동급으로 취급하면 안 된다고 말합니다.

마지막으로 그는 보편적 원죄가 후손들에게 유전을 통해 전가된다는 전통적 전가 교리도 부정합니다. 그는 바울이 출생에 의한 죄의 유전을 결코 표명하거나 암시하지 않으며, 죄의 보편성을 옹호하는 다른 어떤 이유도 제공하지 않고, 죄의 왕국을 위해 모든 개개인의 범죄 외에 다른 어떤 이유도 제공하지 않는다고 주장합니다.[26]

또한 죄는 그 자체가 목적이 아니고 선도 아니라고 말합니다. 그 이유는 죄가 보편적 선의 반대이기 때문이라고 말합니다. 그리고 죄가 인간 의지의 원래 법칙이 아닌 것

---

26. *The Christian Doctrine of Justification and Reconciliation*, 348.

은, 죄가 하나님을 거스르는 추구이고 바람이며 행위이기 때문이라고 말합니다.[27] 죄 개념은 공경과 신뢰를 받기에 합당하신 하나님과 비교하여 규정되어야 하고, 보편적 도덕법칙에 대한 종교적 평가와 비교하여 규정되어야 한다고 말합니다. 다른 한편으로 악의 개념도 개개인의 자유의 상대적 표준에 따라 규정되어야 한다고 말합니다.[28]

그리스도의 인격과 생애의 업적(Doctrine of Christ's Person and Life-Work)

리츨의 그리스도론 역시 전통적 교의학에서 말하는 그리스도론과 다릅니다.

1) 그리스도는 삶의 참된 가치를 위해 예시된(prefigured) 인물로 하나님께 소명(vocation)을 받은 분이다.

리츨은 그리스도인의 삶의 목적은 영생을 얻는 것이라고 말하면서 영생이 무엇인지를 묻습니다. 그는 영생을 개인적 목적의 지속적인 실현으로 규정하며, 이 영생은 세계에 대한 영적 주권을 얻음으로써 실현된다고 말합니다. 예수님은 이러한 영생의 삶을 사는 것이 기독 공동체 구성원들의 종교적 소명이라고 가르치면서, 공동체 구성원들이 모

---

27. *The Christian Doctrine of Justification and Reconciliation*, 348-349.
28. *The Christian Doctrine of Justification and Reconciliation*, 353.

든 면에서 예수님을 모방하도록 공동체 안에 거주하는 힘의 근원으로서 구성원들을 위해 예시된(prefigured) 인물로 자신을 제시했다고 말합니다.[29]

그는 예수님이 사람들을 하나님의 왕국 속에 통일시키려는 하나님의 지고의 목적을 개인적 삶의 목적으로 삼으시고, 이 목적을 삶에서 실현시키고 이 세계를 다스리면서, 자기 공동체의 구성원들이 그분을 모방하고 그분에게 힘을 공급 받아 그들도 세계를 향한 독립과 통치를 실현하게 했다고 말합니다.

2) 예수님은 인간의 소명의 원형(prototype)이시다.

리츨은 예수님이 인간에게 하나님과 세상과의 관계에 들어가도록 자극하고 방향을 알려 주시는 분이라고 말합니다. 그는 영적 인격의 이상적이고 진정한 발전은 우리 인간의 소명의 원형이신 그리스도를 묵상하는 것과는 별개로 올바로 생각하거나 완전히 생각할 수 없다고 말합니다.

그러나 우리가 그리스도를 묵상할 때 역사적으로 완전한 그분 안에서 그분 실존의 진정한 가치가 무엇인지 인식해야 한다고 말합니다. 예수님이 역사 안에서 행하셨던 삶과 말을 묵상함으로써 그분 실존의 가치를 알 때, 우리 자

---

29. *The Christian Doctrine of Justification and Reconciliation*, 387.

신의 실존을 이해하는 데 도움이 된다는 것입니다. 우리는 예수 현상의 독특성과 우리 자신의 종교적이고 윤리적인 운명과 관계된 그 현상의 규범적인 중요성과 거주하는 규칙의 가치를 파악해야 한다고 말합니다. 그 이유는 그분에게 받는 자극과 방향을 통해서만 우리도 그분이 하나님과 세계와의 관계로 들어가는 것처럼 할 수 있기 때문이라고 말합니다.[30]

3) 예수님은 하나님의 최종적 계시의 담지자(擔智者)이시다.

리츨은 그리스도가 의도했던 방식으로 그리스도의 종교에 참여하고자 하는 사람은 누구나 그리스도를 하나님의 최종적 계시의 담지자로 간주해야 한다고 말합니다. 그는 더 나아가 그리스도가 무함마드를 능가하는 이유 역시 그리스도가 하나님과 특별한 관계를 갖고 세계를 지배하는 삶을 살았으며, 이를 통해 개개의 그리스도인들도 자신과 비슷한 영생의 운명을 얻는 것을 가능하게 했다는 사실에 있다고 말합니다.[31]

그는 그리스도의 이중 중요성에 대해 말합니다. 그리스도는 "하나님의 완전한 계시자이고 세계에 대한 영적 주권

---

30. *The Christian Doctrine of Justification and Reconciliation*, 387.
31. *The Christian Doctrine of Justification and Reconciliation*, 388.

의 명백한 유형(type)"이라고 말합니다.[32] 그리스도의 신성은 기독 공동체가 설립자에게 양도하는 독특한 인정과 공감의 표현에 불과하며 그 이상의 다른 어떤 것이 아니라고 말합니다. 그리스도에 대한 우리의 믿음은 그분을 전에 계셨던 분으로 믿는 것이 아니라, 현존하여 끊임없이 일하시는 분으로 믿는 신앙이라고 말합니다.[33] 예전에 그리스도가 어떤 분이셨는지를 아는 것이 중요한 것이 아니라, 지금 그분이 어떤 분이시며 기독 공동체를 어떤 일을 하시는지를 아는 것이 중요하다는 뜻입니다.

4) 그리스도는 세계의 주이시며 그분 공동체의 주인이시다.

리츨은 그리스도는 세계의 주이시며 그분 공동체의 주인이신데, 후자의 관계가 더 우선적이라고 봅니다. 그 이유는 결정적 진술들에서 그리스도가 머리인 공동체는 세계를 향한 그분의 입장을 나누도록 만들어졌기 때문이라고 말합니다.[34]

5) 하나님이 그리스도보다 더 중요하다.

그는 유일하신 아버지 하나님만이 만물의 창조주이시고,

---

32. *The Christian Doctrine of Justification and Reconciliation*, 389.
33. *The Christian Doctrine of Justification and Reconciliation*, 400.
34. *The Christian Doctrine of Justification and Reconciliation*, 400.

존재하는 모든 것의 근원이시며, 그에 비해 주 예수 그리스도는 중재하는 원천(source)이라고 말합니다.[35] 사랑의 의지를 가진 하나님 아버지가 예수 그리스도보다 더 중요하다고 말합니다. 리츨은 그리스도는 인류에 대한 하나님의 사랑의 의지를 계시하는 분에 불과하다는 것을 잊지 말아야 한다고 말합니다.

6) 예수님은 완전한 영적 종교의 담지자이시다.

리츨에 따르면, 예수님은 세계의 창조주이시고 세계의 궁극적 목적이신 하나님과 상호 교제하는 완전한 영적 종교의 담지자이십니다. 그는 만물의 최종 목적으로서 하나님에 대한 개념 안에 왜 예수님이 하나님을 위해 도덕적 노력을 다하셨는지에 대한 이해 그리고 사랑을 통한 인류의 연합을 자신의 의무로 인식하시는지에 대한 이유가 놓여 있다고 말합니다.

그는 세계의 창조주라는 하나님에 대한 개념 안에서, 왜 예수님이 하나님 아버지와 인격적 삶을 영위하기 위해 자신의 개인적이고 세상적인 동기와 신적인 것에 비해 열등한 모든 동기를 거부하시는지에 대한 이유가 놓여 있다고 봅니다. 리츨은 예수님이 아버지의 뜻을 위해 살라는 삶

---
35. *The Christian Doctrine of Justification and Reconciliation*, 401.

의 목적을 제자들에게 의무로 넘겨주었다고 말합니다. 예수님은 제자들에게 사랑을 통한 인류의 연합이라는 하나님 나라의 실현이, 즉 인간의 삶이 모든 세계보다 더 가치 있다는 확신을 심어 주었다고 말합니다.[36]

리츨은 예수님이 삶의 목적을 공동체의 교제 속으로 부름 받아야 할 인류의 목적으로 만들면서, 무엇보다 먼저 종교의 창시자이시고 인류를 세계에 대한 지배로부터 구속하는 자라고 주장합니다. 예수님은, 인간들을 세계 위로 끌어올리시고, 이런 관계에서 그들과 교제를 하시고, 그 교제와 함께 하나님 나라 안에서 서로를 향한 그들의 교제에 질서를 지워 주시는 한에 있어서만, 도덕적 규범(code)의 저자이시라고 말합니다. 하지만 이러한 목적은 형제 사랑이라는 보편적 원칙을 세움으로 주어지며, 이러한 도덕적 규범 안에는 부족한 것이 전혀 없다고 말합니다.[37]

리츨의 그리스도론은 전통적 그리스도론과는 확실히 다릅니다. 리츨은 그리스도는 하나님의 사랑을 계시하는 분이고, 그리스도의 인격을 사역보다 강조하며, 그리스도의 과거 활동보다는 현재 활동을 중요하게 생각합니다. 신자는 그리스도가 과거에 우리를 위해 행하신 일이 아니라, 지금 하나님 나라의 도덕적 사랑의 통치를 위해 그분이 하

---

36. *The Christian Doctrine of Justification and Reconciliation*, 414.

37. *The Christian Doctrine of Justification and Reconciliation*, 414ff.

신 일들을 묵상하며 그분을 본받아 살아야 한다는 것입니다. 도덕적 사랑의 나라를 실현하기 위해 본으로 나타나신 그리스도는 그 본을 행위로 보이셨으므로 교회는 그분의 본을 따라서 하나님 아버지의 세계 통치에 협력해야 한다고 보는 것입니다.

『경건주의의 역사』

리츨은 이런 하나님 나라의 부르심 사상이 예수 선포의 핵심인데, 경건주의가 이 흐름을 잘못된 방향으로 호도했다고 봅니다. 그는 경건주의가 태동한 이유는 종교개혁의 불완전성과 종파주의로 말미암아 삶을 소홀히 했기 때문이라고 봅니다. 신자에게 경건한 삶을 사는 것이 중요하다는 사실을 강조했다는 점에서 경건주의를 긍정적으로 평가하지만, 가톨릭적 경향으로 흘렀고 특히 중세의 버나드(Bernhard)의 흔적을 따랐다는 점에서는 경건주의를 비판합니다.

리츨은 경건주의는 결정적 경향에서 종교개혁의 특징에서 벗어났다고 봅니다. 경건주의가 기도회를 통해 교회 사상을 파쇄했고 정숙주의(내면 신앙을 강조하는 신비주의 종교에서 흔히 볼 수 있는 경향)와 세계 도피 사상을 통해 건전한 종교개혁가들이 외쳤던 직업 소명 사상을 마비시켰고, 거룩을 지나치게 강조하여 행위 의에 문을 열어 준다고 비판

했습니다.[38]

리츨의 신학에 대한 평가

먼저, 리츨의 신학이 긍정적으로 기여한 부분에 대해 살펴보겠습니다. 리츨의 신학을 비판하는 사람들도 대체로 동의하는 두 가지가 있습니다.

첫째, 그는 기독교 신앙을 후기 계몽주의 과학과 철학과의 불필요한 갈등을 없애려 애썼으며 도그마의 도덕화(moralizing of dogma)에 기여했습니다.

둘째, 기독교 신앙이 저 세상에 집중함으로써 윤리적 진보에 부적절해졌다고 비난 받던 시대에 그는 하나님 나라 안에서 하나님의 인류 구속이라는 중심적 기독교 진리로 말미암는 사회를 도덕화시키는 힘을 끄집어내는 데 성공했습니다. 또한 그 영향으로 기독교 목사들과 교사들의 전 세대가 사회복음(social gospel)을 발전시켰습니다.[39]

하지만 리츨의 신학에는 몇 가지 문제점이 있습니다.

첫째, 리츨은 신학의 내용을 너무 많이 환원합니다. 교

---

38. Friedrich Wilhelm Kantzenbach, *Programme der Theologie*, Claudius Verlag, München 1978, 104-111.
39. Stanley J. Grenz & Roger E. Olsen, *20th century Theology*, Intervarsity Press, Illinois 1992, 58-59. (『20세기 신학』 IVP)

리 속에 갇혀 있는 형이상학과 교리, 심지어는 신앙고백조차 시대의 산물이므로 교회를 위한 불변적 표준의 위치에 설 수 있는 것은 오직 주기도문뿐이라고 말할 정도로 대대적인 환원을 감행합니다.

둘째, 그는 칸트의 영향을 받아 기독교의 실증적 성격과 가치판단을 강조합니다. 물리적 대상에 적합한 존재판단이 아니라 가치판단이 영적 관계들을 객관적으로 표현할 수 있다고 말합니다. 또한 자연이 아니라 인간이 하나님 나라와의 연관 속에서 세계의 목적이라고 말합니다. 그 사람이 어떤 사람이냐가 중요한 것이 아니라 어떤 가치를 가지고 사느냐가 중요하다고 말합니다. 이것은 칸트 사상의 영향을 받은 것입니다.[40] 리츨은 인간이 하나님과 함께 이 세계를 다스릴 수 있다는 점에서 가장 존귀한 존재라고 봅니다.

셋째, 그는 신학을 사변신학으로부터 끌어내어 실증적 성격을 강조했지만 성경을 신앙으로 받아들이지 않고 역사적, 이성적으로 연구하여 성경이 말하는 기적이나 초자연적 성격을 없애 버립니다. 결국 기독교를 합리적 종교, 도덕 종교로 만드는 잘못을 저지릅니다.

넷째, 그는 하나님을 사랑의 의지 정도로만 봅니다. 슐라이어마허처럼 리츨도 하나님을 성부, 성자, 성령으로 계

---

40. *Theologen des Protestantismus im 19. und 20. Jahrhundert I*, Martin Greschat (Hrsg.), Verlag W. Kohlhammer, Stuttgart Berlin Köln Mainz 1978, 126.

시는 인격적 하나님으로 제시하지 않습니다.

다섯째, 그는 구약의 거룩하신 하나님과 신약의 사랑의 하나님을 대조하면서, 구약의 거룩하신 하나님은 오늘날 유효하지 않다고 말합니다. 이 점에서 그는 하르낙과 같은 길을 걷습니다. 구약과 신약, 율법과 복음, 진노하시는 하나님과 사랑의 하나님을 구속사 안에서 필수 불가결한 결합으로 가르치는 정통의 입장에서 탈선합니다.

여섯째, 리츨은 그리스도를 하나님의 계시자(Offenbarer Gottes) 정도로 봅니다. 그는 "그리스도는 우리에게 하나님을 계시하신다. 그것으로만 만족해야 한다!"(Christus macht uns Gott offenbar. Dass muss genügen)고 말합니다. 또한 하나님의 계시를 매우 제한합니다. 하나님이 그리스도를 통해 사랑을 계시한다고 말하지, 하나님의 진노에 근거한 심판에 대한 계시는 말하지 않습니다.

일곱째, 그는 예수님이 '누구셨느냐'(Who he was)는 중요하지 않고, 지금 우리에게 '어떤 분이시냐'(Who he is)가 중요하다고 말합니다. 하지만 그의 이런 생각은 매우 위험합니다. 예수님이 누구셨는지 모르면서 그분이 지금 우리에게 어떤 분이신지를 아는 것이 어떻게 가능하겠습니까?

여덟째, 그는 그리스도의 십자가는 화해의 전제조건이 아니라고 말합니다. 그리스도가 십자가를 지기 전부터 우리는 하나님과 화해되었다고 말합니다. 십자가는 예수님이 하나님 나라를 건설하기 위해 자기 소명을 다한 모습을 보여 준 것으로 보아야 한다고 말합니다. 그는 화해를 대속에서 분리시키는 치명적 실수를 합니다. 진노하시는 하나님에 대한 개념이 없으니 대속의 필요성도 없는 것입니다.

그는 개인적 화해의 노력은 필요 없다고 말합니다. 그리스도께서 이미 하나님과 화해를 다 이루었다고 보기 때문입니다. 또한 칭의와 화해를 개인적으로 체험하는 것을 반대합니다. 그리스도의 공적은 단지 교회를 통해서만 중재된다고 말합니다. 교회는 도덕적 이상 사회인 하나님 나라 건설을 위해 존재한다고 말합니다.

아홉째, 리츨 신학의 가장 큰 문제점은 그가 화해를 구원의 복음의 완성으로 제시한다는 점입니다. 그는 칭의는 하나님의 선물이지만, 의롭게 된 사람은 화해의 활동으로 나아가야 한다고 말합니다. 먼저 이웃과 화해하고 이 세상에서 영적 통치를 실현해야 하며, 하나님이 각자에게 맡겨 주신 직업을 통해서 해야 한다고 말합니다. 그는 이런 상태가 바로 "기독교적 완전의 상태"라고 말합니다. 바르트는 리츨 신학이 가진 이러한 문제점을 예리하게 지적합니다.

> 화해란 인간적 삶의 이상이 실현되었다는 것을 의미한다. 화해란 칭의가 의도한 것의 성과다. 그는 이런 성과만 생각하면서 화해에 대해서, 단지 화해에 대해서만 관심이 있다. 그에게 있어 완

성된 화해라는 것은, 하나님이 아버지로서 신자들과 마주하시고, 그들을 아들로서 아버지에 대한 신뢰를 갖도록 만들어 주고, 그들에게 세상에 대한 영적 통치권을 부여하고, 하나님 나라 안에서 봉사하도록 허락하신다는 것을 의미한다. 그는 종교적으로는 하나님의 섭리에 대한 신앙 안에서 겸손, 인내, 기도 안에 있고, 도덕적으로는 부르심 안에서의 확인 그리고 인격적 덕을 세움 안에 있다.[41]

리츨은 화해를 너무 강조하다 보니, 화해 없이는 구원의 완성을 이룰 수 없는 것처럼 말합니다. 그는 결국 펠라기우스주의에 떨어지고 맙니다. 바르트는 이렇게 말합니다.

인간에게 부과된 과제의 총체이자 동시에 지고의 선(자신의 궁극적 목적)은 이웃에 대한 사랑이 확인되는 하나님 나라다. 하지만 인간은 하나님 나라를 위해 자연적으로 제한된 공동체 밖이 아니라 공동체 안에서만 살 수 있다. 무엇보다 직업에서 신실함과 그리스도가 보이신 본의 참된 성취를 이루기 위해 도덕적인 직업의 규칙적인 노동 활동 속에서만 살 수 있다.…이런 의미에서 삶의 이상의 실현으로서 화해가 있지 않는 곳이나 화해가 확인되지 않는 곳에서는 어떠한 칭의도 없다. 리츨은 화해 안에서,

---

41. Karl Barth, *Die Protestantische Theologie im 19*. Jahrhunderte, 6. Auf., Theologischer Verlag Zürich 1994, 601.

하나님 나라 안에서, 그리고 그의 직업 안에서 인간의 의식적 확인을 죄 용서의 조건이라고 부를 정도로 펠라기우스적으로 말할 수 있다. 그는 도덕적 행동의 불완전성의 균형은 아마도 칭의 내지 죄 용서의 확신 속에서 결코 찾을 수 없고, 단지 의도 안에서만, 개선 안에서 좀 더 큰 추구의 실행 안에서만 찾을 수 있다고 말한다. 반면에 죄 용서나 칭의의 의미는 단지 인간을 그런 확인이 가능하고 제공되는 그런 장소로 세우기 위한 의미일 뿐이다.[42]

열 번째, 그는 기독교 정통 교리의 중요성을 감소시킵니다. 특히 개혁주의 신학의 핵심인 예정과 섭리, 하나님의 진노, 하나님의 존재와 속성론을 빠뜨리거나 아예 언급조차 하지 않습니다. 기독교의 중심인 십자가도 하나님이 내 죄를 용서하시기 위해 예수님에게 지게 하신 십자가로 해석하지 않고—즉 내 죄를 용서해 주시기 위한 십자가가 아니라—하나님 나라를 건설하기 위해 부름 받은 내가 그 소명에 충실할 때 당하는 고난으로 해석합니다. 예수님의 십자가가 이 점에서 우리에게 본이 된다고 보는 것입니다. 예수님의 화해 사역을 소명의 차원으로 끌어내려 속죄의 성격을 없애는 치명적 잘못을 범하고 있습니다. 또한 하나님 나라의 현재성에 치중한 나머지 미래적 종말론적인 하나님

---

42. Barth, *Die Protestantische Theologie*, 601ff.

나라에 대해 소홀히 했습니다.[43]

이미 하나님과 화해되었으니 개인의 회개는 필요없다는 것입니다. 회개가 있기는 합니다. 하지만 이 회개는 하나님 앞에서 그분의 계명에 불순종하고 그분 앞에서 교만한 것 때문에 하는 회개가 아니라, 자신의 소명에 충실하지 못한 것에 대한 뉘우침일 뿐입니다.

그는 칸트처럼 사실상 교회와 세계의 구분을 없애 버립니다. 교회 안에만 있는 사람들은 구원 받은 사람들이 아니라, 소명에 충실하여 하나님 나라 건설에 결정적 역할을 하는 사람이 구원 받은 사람이라고 말합니다.

결국 리츨이 말하는 하나님 나라는 계몽된 인간이 꿈꾸는 나라요, 하나님 나라의 백성은 결국 소명의식을 갖고 세상과의 화해를 위해 애쓰는 사람입니다. 그는 결국 성속의 이원론을 극복하려다 성속의 구분을 없애는 잘못을 범했습니다. 안타깝게도 이 시대의 자유주의자들이 리츨의 이 실수를 답습하고 있습니다.

---

43. Stanley J. Grenz & Roger E. Olsen, *20th century Theology*, 55-56.

4장

하르낙

(1851-1930)

자유주의 신학의 건물을 완성하다

Adolf von Harnack

◆ 이 장을 읽기 전에 알아두면 좋은 개념

역사비평
성경의 비평적 연구 가운데 하나다. 성경의 역사적이고 사상적 배경, 저작 연대 및 저자 등을 비평하는 신학적 연구를 말한다. 다른 말로 고등비평이라고 하고, 이와 반대로 하등비평은 성경 원문에 관한 연구를 말한다.

신학사적 위치와 생애

아돌프 폰 하르낙은 1851년 5월 7일 도르파트(오늘날 에스토니아의 타르투)에서 태어났습니다. 그의 아버지 테오도시우스 하르낙은 러시아 페터스부르그에서 태어났는데, 부모가 독일 계통이므로 독일에서 공부했습니다. 독일의 도르파트에서 교회사와 설교학을 가르쳤고, 나중에 에어랑겐대학에서 실천 및 조직 신학 교수로 활동했습니다. 특히 루터 신학 전문가로 명성이 자자한 사람이었는데, 그가 쓴 『루터의 신학』은 루터 연구에서 매우 중요한 책입니다.

아돌프 하르낙은 어릴 때 할머니에게서 성경 이야기를 들으며 자랐습니다. 그는 할머니가 들려준 복음이 너무 쉽고 단순했다고 회상합니다. 이런 분위기에서 성장한 그는 자연스럽게 '단순한 복음'을 좋아하게 되었습니다. 그리고 평생토록 이 단순한 복음을 붙들고 살면서 단순한 복음을 전하려고 애썼습니다. 이 점에서 그는 이전의 종교개혁자들보다 훨씬 더 성경을 복음 중심적으로 환원했습니다.

루터에게 성경의 가르침이 율법과 복음이라면, 하르낙

에게는 오직 복음만이 예수님의 가르침이었습니다. 그래서 하르낙은 구약의 진노하시는 하나님과 신약의 사랑의 하나님을 대립시켰고, 결국 사랑의 하나님을 붙들고 진노하시는 하나님을 버렸습니다. 이것은 우리가 하르낙을 이해하는 데 아주 중요합니다.

하르낙은 당시 시대를 주도했던 계몽주의와 과학의 성과를 받아들이고, 역사학의 발전으로 학문의 발전에 큰 영향을 끼쳤던 역사 비평학을 긍정적으로 수용합니다. 성경도 역사 비평적 방법으로 연구해야 핵심 진리(알맹이)를 파악할 수 있다고 보았습니다.[1] 그는 괴팅겐대학교의 리츨의 영향을 받았고, 기독교의 역사성에 초점을 맞춰 역사적 예수를 집중적으로 연구했습니다. 특히 예수님이 선포한 하나님 나라에 초점을 맞춰 기독교의 본질을 파악하려 했습니다. 그 역시 리츨처럼 칸트의 영향을 받아서 기독교의 본질은 인간 안에 있는 도덕의식을 일깨워 도덕의 나라인 하나님 나라를 실현하는데 있다고 보았습니다.

그는 자신의 대표작 『교리사』(*Dogmengeschichte*)에서 기독교가 무엇인지에 대해 역사가로서 답변을 주려고 했습니다. 또한 그의 저서 가운데 가장 유명한 『기독교의 본질』

---

1. 그는 마태복음 7장 28절에 근거하여 두 문장으로 자신의 과제를 요약합니다. "Die Aufgabe ist als eine rein historische gestellt und behandelt worden. Das schliesst ein, das Wesentliche und Bleibende in den Erscheinungen auch unter spröden Formen zu erkennen, es zu herauszuheben und verständlich zu machen."

(*Das Wesen des Christentums*)은 그가 베를린대학에서 신학과 뿐만 아니라 다른 학과에서 몰려든 600여 명의 학생 앞에서 강의한 내용을 엮은 것입니다. 일종의 교양 강의라 할 수 있습니다.

1910년, 하르낙은 카이저 빌헬름 협회(Kaiser Wilhelm Gesellschaft)의 의장으로 임명되어 당시 프로이센 제국의 문화부흥의 선구자로 활동했습니다. 또한 신학 잡지 〈신학평론〉(*Theologische Literaturzeitung*)을 발행했습니다. 그는 39세에 베를린 아카데미 회원이 되었고, 1903년부터 1912년까지 복음적-사회적 의회 의장직을 맡기도 했습니다. 하지만 나중에는 베를린대학의 교수들과 함께 히틀러의 전쟁을 옹호하는 서명을 했습니다. 그의 인생에서 최악의 선택을 함으로써 지울 수 없는 오점을 남겼습니다.

『교리사』에 나타난 사상

『교리사』는 영어로 번역되면서 세계적으로 알려졌고, 교리사 공부의 필독서로 여겨집니다. 하르낙은 1888년에 베를린대학의 정교수가 되었고, 1886년부터 1890년까지 4년에 걸쳐 교리사 세 권을 완간합니다.[2] 그는 이 책에서 최초 6

---

2. Adolf v. Harnack, *Dogmengeschichte*, 8. Auf., J.C.B. Mohr Siebeck, Tübingen 1991.

세기 동안의 교리사와 교회사를 통해 가톨릭의 발생과 원시 기독교에 대한 가톨릭의 태도, 교리의 발생의 문제를 다룹니다.

우리는 그가 기독교 교리의 필요성을 일깨우기 위해 이 책을 썼다는 선입견을 가질 수 있습니다. 그러나 하르낙은 기독교 교리의 중요성을 일깨우고 교회가 시대사상에 대항하려면 정통 교리로 무장해야 한다는 것을 말하려고 이 책을 쓴 것이 아닙니다. 도리어 교리는 기독교의 본질이 절대로 될 수 없다는 이유를 밝히려고 쓴 것입니다.

그는 교리는 그리스 철학과 복음의 결합물이므로 기독교의 본질이 아니라고 봅니다. 교리는 그리스 철학에 의한 복음의 유폐라고 봅니다. 그러므로 복음을 교리로부터 해방시켜야 한다고 역설합니다. 역사 신학자인 그는 교리적 기독교의 발생을 탐구하며 고대사에 대한 역사적 인식이 현대 신학에 중요한 기능을 수행한다고 주장했습니다.

그는 이러한 인식을 "위조된 전통의 권한 요구"에 맞서기 위한 수단으로 이해했습니다. 역사 연구 및 역사적 태도가 신학자로 하여금 "파문을 내리고 양심을 혼란스럽게 만드는 전통들"을 깨뜨릴 수 있도록 도와주는 까닭에, 교회의 미래가 주석과 교의학보다는 "역사에 대한 더 명료한 인식"에 달려 있다고 보았습니다. 이제 교리사를 통해 그가 말한 주요 사상을 살펴보겠습니다.

첫째, 그는 종교는 인간의 이론적 관심이나 감정적 관심이 아니라 실천적 관심에서 생겨난다고 봅니다. "종교는 인간의 실천적인 문제다. 왜냐하면 종교에서 중요한 것은 축복이고 거룩한 삶으로 이끄는 힘이기 때문이다"고 말합니다. 즉 종교는 인간을 행복하고 거룩한 삶으로 이끌기 위한 실천적 목적을 위해 존재한다는 뜻입니다.

그는 계속하여 "기독교는 행복하고 거룩한 삶으로 이끄는 힘이 예수 그리스도의 아버지인 하나님에 대한 신앙과 연결되어 있다고 말하는 종교다"[3]라고 말합니다. 인간은 이러한 목적을 예수 그리스도의 아버지인 하나님에 대한 신앙을 통해 성취할 수 있다고 말합니다.

둘째, 그는 예수 그리스도의 복음을 '그의 십자가와 부활로 인한 죄 용서'로 보기보다는 '하나님 아버지의 통치(Herrschaft)'로 봅니다. 복음은, 전능하시고 거룩하시며 아버지이자 심판자이신 하나님이 자신을 가시적으로 현실화시키는 통치에 관한 소식이라고 말합니다. 그런데 이 하나님의 통치는 예수님의 사역에서 발발되었고, 이러한 통치 안에 하나님 자녀의 삶이 있다고 말합니다.

하나님의 통치는 모든 의식과 계율을 뛰어넘어 인간에게 하나의 법을 부과하는데, 이 법은 옛 법이면서도 하나의

---

3. Harnack, *Dogmengeschichte*, 1.

새로운 법으로 나눠지지 않는 '하나님과 이웃에 대한 사랑'이라고 말합니다. 이러한 사랑 안에서 하나님의 완전한 의와 상응하는 더 나은 의가 나타나며, 이러한 의를 획득하는 길은 생각의 변화라고—즉 자기 부정, 하나님 앞에서의 겸손, 그분에 대한 진실된 신뢰라고—말합니다.[4]

하르낙은 복음은 죄인들에게 죄 용서와 의로 배부르게 됨을 약속하면서 그들을 하나님 나라로 부르며, 복음이 자신을 드러내는 세 가지 순간들—하나님의 통치, 더 나은 의(사랑의 계명), 죄 용서—을 통해 예수 그리스도와 분리될 수 없게 연결되어 있다고 말합니다.

그는 예수 그리스도에 대한 생각도 피력합니다. 그에 따르면, 예수 그리스도는 아버지가 누구인지 알고 있으며, 사람들에게 아버지를 알려주는 아들입니다. 사람들은 예수님을 통해 하나님이 얼마나 친절하신 분인지 알아야 하고, 예수 그리스도 안에서 세계에 대한 하나님의 권세와 지배를 느끼고 위안을 확신해야 한다고 말합니다. 사람들은 겸손하고 온유하신 그분을 따라야 하고, 거룩하고 정결하신 그분이 죄인들을 자신에게로 부르시며, 하나님이 그를 통해 죄를 용서하시고 아버지로서 자기 자녀들을 관할하신다는 사실에 확신을 가져야 한다고 말합니다.

---

4. *Dogmengeschichte*, 14.

여기에서 더 나아가 하르낙은 리츨과 같이 예수님의 사역이 아니라 예수님의 인격이 복음의 핵심이라고 봅니다. 예수님은 복음과 그분의 인격의 연관성을 자신의 말씀에서 전면으로 내세우지 않았지만, 그것을 분명히 증거하고 제자들로 하여금 체험하게 하셨다고 말합니다.[5]

셋째, 그는 예수 그리스도의 고난과 죽음도 전통적 입장과 다르게 해석합니다. 하르낙은 하나님 나라를 예수님의 인격과 연결시키면서 그분의 죽으심도 전통적 입장과 다르게 해석합니다. 그에 따르면, 예수님은 자기 죽음을 모든 고난과 같이 하나의 속전으로, 하나의 승리로, 세계의 극복으로, 그의 통치로 넘어간 것으로 해석했으며, 자기 백성들 속에서 실제로 자신이 살아 있고 죽은 자들과 산 자들의 주님이 되신다는 확신을 일깨우기 위해 자신을 (죽음과 부활로) 권세 있게 입증했다고 말합니다. 이 말에서 볼 수 있듯, 하르낙은 예수님의 고난과 죽음을 원죄를 사해 주는 사건으로 이해하지 않습니다.

넷째, 그는 기독교는 예수님에 대한 이러한 신앙에 기초를 둔다고 말합니다. 인간은 이러한 역사적 인격인 예수님을 바라보면서 하나님이 하늘과 땅을 다스린다는 사실과, 하나님은 심판자이면서도 아버지이시고 구속자이심을

---

5. *Dogmengeschichte*, 15.

확신해야 한다고 말합니다. 그는 기독교는 인간을 모든 율법성에서 해방시키는 종교라고 말합니다.[6] 하르낙은 하나님을 창조주와 구속주라고 믿으면서도 그분이 율법으로 인간을 심판하고 자기 백성을 훈련시키신다는 사실과 하나님이 한 손에는 복음을, 다른 한 손에는 율법을 가지고 세상을 다스리고 인간을 구원하신다는 사실을 묻어 버립니다.

『기독교의 본질』에 나타난 주요 사상

하르낙은 『기독교의 본질』(*Das Wesen des Chrisrtentums*)에서 자기 사상의 핵심을 말하고 있습니다. 우리는 이 책을 통해 그가 주장하는 사상의 핵심 내용을 분명히 파악할 수 있습니다.

이 책의 구성: 서론 및 역사적 내용들[7]

그는 이 책을 변증론이나 교리적 접근이 아닌 역사적 관점에서 기술하겠다고 서론에서 밝힙니다. 변증론은 종교를 치장하려는 목적으로 끊임없이 온갖 겉치레를 손에 넣으

---

6. *Dogmengeschichte*, 16.
7. Adolf von Harnack, *Das Wesen Des Christentumus*, Vierte Auflage, J. C. Hinrichsche, Buchhandlung, Leipzig 1901, 1-33.

려 하고, 더 나아가 종교를 훌륭하고 없어서는 안 될 무언가로 설명하려 애쓰는 가운데 종교의 참뜻을 잃게 만들며, 기껏해야 종교는 해롭지 않으니 꽤 괜찮은 것이라는 식의 증명을 할 뿐이라고 말합니다. 과연 그는 기독교를 어떻게 이해하고 있는 걸까요?

> 아니요, 기독교는 더 높고, 간단하며, 한 가지 점과 관계된 어떤 것입니다. 하나님의 능력 안에서 그리고 그분의 눈앞에서 시간의 한복판에서 영생(을 사는 것입니다.)[8]

하르낙은 기독교는 모든 것을 가능한 한 유지하거나 개선하기 위한 윤리적 혹은 사회적 비밀(Arcanum)을 제공하는 종교가 전혀 아니라고 말합니다. 그는 기독교가 문화와 인류의 진보를 위해 무엇을 수행했는지를 무엇보다 먼저 묻고서, 그것에 따라 기독교의 가치를 규정하려는 사람은 이미 기독교를 손상시키고 있는 것이라고 말합니다.[9]

우리는 여기서 그가 일반적으로 알려진 자유주의자는 곧 문화신교라고 주장하는 사람들과는 다르게 말하고 있음을 볼 수 있습니다. 하르낙은 물론 기독교가 문화의 발전과 인류의 진보에 기여해야 한다는 것을 부정하지 않습니

---

8. Harnack, *Das Wesen des Christentums*, 5.
9. *Das Wesen des Christentums*, 5.

다. 다만 그것이 기독교의 가장 우선적이고 본질적인 내용이 될 수 없다는 뜻입니다.

하르낙은 참된 기독교를 되찾기 위해서는 "예수 그리스도와 그분의 복음"(Jesus Christus und sein Evangelium)을 살펴봐야 한다고 주장합니다. 이 말은 우리가 예수 그리스도의 상(像)과 그분의 복음의 근본 경향을 살펴보는 것으로 만족하자는 뜻이 아닙니다. 그는 이런 작업을 하려면 교회에서 가르치는 교리에 매달려서는 안 되고, 항상 새롭게 불을 붙이고 지금 자신의 불꽃으로 태우는 예수님의 삶에 집중해야 한다고 말합니다. 그러면 그가 생각하는 예수님의 삶은 무엇일까요? 그는 예수님이 종교적 삶에 불을 지피기 원하셨고 그렇게 하셨으며, 그분의 진정한 위대함은 사람들을 하나님께로 이끌어 그들이 하나님과 함께 살아가도록 하신 것에 있다고 말합니다.

하르낙은 우리가 예수님의 생애를 연구함으로 "본질적이고 가치 있는 것" 그리고 "복음 안에 있는 복음"을 발견해야 한다고 말합니다.[10] 예수님의 공생애 3년은 우리에게 그분의 자서전을 쓸 정도의 내용은 줄 수 없을지라도, 그분이 우리에게 가르치려고 했던 본질적 가르침을 주기에는 충분하다고 말합니다. 그러면 사복음서가 말하는 본질적이

---

10. *Das Wesen des Christentumus*, 6-7.

고 가치 있는 내용이란 무엇일까요?

하르낙은 세 가지로 말합니다. 첫째로 사복음서는 예수님의 설교에 대한 명백한 상을 우리에게 제공하고, 둘째로 사복음서는 예수님의 삶이 소명의 섬김 속에서 출발하고 있다는 점을 보도하며, 셋째로 사복음서는 예수님이 제자들에게 주었고 제자들이 계속 심었던 인상을 우리에게 그려주고 있다고 말합니다.[11]

하르낙은 공관복음에서 기적이 매우 자주 나타나기 때문에 무시할 수 없는 내용이지만, 기적이 예수님의 가르침에서 본질적이고 가장 가치 있는 내용은 아니라고 말합니다. 그는 역사학적 관점에서 예수님이 행하신 기적에 대해서도 평가절하 합니다.

그 이유는 첫째로 당시는 기적적인 것을 일상으로 여기며 자연 질서를 이해하지 못하고 자연 질서의 파괴를 모르는 시대임을 고려해야 하기 때문이고, 둘째로 어떤 이야기들은 기적을 포함하고 있어서 파기되거나 후대의 시기로 옮겨졌다는 선입견 때문이고, 셋째로 자연 질서의 파괴로 인한 기적은 있을 수 없다는 부동의 확신 때문이고, 넷째로 자연 질서는 침범할 수 없기 때문이라고 말합니다. 그는 복음의 기적이라는 문제는 다른 것에 비해 비교적 중요한 것

---

11. *Das Wesen des Christentumus*, 20.

이 아니므로 조용히 옆으로 밀어 두라고 말합니다.[12]

예수님의 가르침은 세례 요한과 같은 구약 예언자의 관점에서 받아들이면 안 되고, 에세네파와 같은 금욕주의적 관점에서 받아들여서도 안 되며, 또한 희랍주의와도 아무런 관계가 없다고 말합니다. 하르낙은 복음이 희랍 정신에 아주 깊숙이 가두어졌음을 지적하면서 희랍 정신에 의해 작성된 교리에서 복음을 해방시키려 합니다.[13]

마지막으로 그는 다음과 같은 순서로 책을 쓴다고 말합니다. 첫째는 무엇보다도 예수 그리스도의 복음을 다루고, 둘째는 예수님과 그분의 복음이 1세대 제자들에게 어떤 감동을 주었는지를 다루고, 셋째로 역사 내에서 기독교적인 것의 주된 변화를 다룬다고 말합니다. 이 주제들은 순서에 따라서 복음의 근본 특징에 따른 예수님의 선포, 세부적인 차원에서 복음의 주요 연관, 역사 안의 복음이라는 세 장으로 나눌 수 있다고 말합니다. 처음 두 장은 복음에 해당하고, 마지막 한 장은 역사 속에서 복음이 어떻게 변형되었는지를 추적합니다. 그는 이 순서대로 강연을 이어갑니다. 이 책에 나타난 그의 주요 사상은 다음과 같습니다.

---

12. *Das Wesen des Christentumus*, 16-20.
13. *Das Wesen des Christentumus*, 21-24.

기독교와 복음에 대한 이해

하르낙은 예수님이 선포한 복음(설교)의 핵심은 세 가지로 요약된다고 말합니다. 기독교의 본질은 예수님이 선포한 복음이고 이것 외에 다른 모든 것은 껍질일 뿐이라고 말합니다. 이제 차례차례 살펴보겠습니다.

1) 하나님 나라와 그 나라의 도래[14]

하르낙은 구약과 신약을 살펴보면 하나님 나라는 현재 임하는 나라와 미래에 임할 나라가 있다고 봅니다. 그런데 하나님 나라는 유대인들이 기다리던 바와 같은 이 세상에서 눈에 보이게 임하는 그런 나라는 아니라고 분명히 말합니다.[15]

그는 하나님 나라에 대한 예수님의 설교를 말할 때, 우리는 역사가처럼 전승된 것과 예수님의 것, 그리고 알맹이와 껍질을 구별해야 한다고 말합니다. 그는 예수님의 비유를 특히 강조하는데, 그 이유는 하나님 나라와 이 왕국의 도래에 대해 가장 잘 말하고 있다고 보기 때문입니다. 그가 말하는 하나님 나라는 어떤 나라일까요?

하나님 나라는 개개인에게 와서 그 영혼 안에 자리를 잡고, 그들

---

14. Das Reich Gottes und sein Kommen, *Das Wesen des Christentums*, 34-40.
15. *Das Wesen des Christentumus*, 33-35.

이 그 나라를 붙잡으면서 임한다. 하나님 나라는 하나님의 통치를 받는 것이다. 분명히 개개인의 마음속에서 일어나는 거룩한 하나님의 통치다. 하나님 나라는 그 능력을 동반한 하나님 자신을 말한다. 하나님 나라에서는 외적이고 역사적인 의미에서 모든 극적인 것은 사라진다. 그리고 완전히 외적 미래의 희망도 사라진다.[16]

그는 하나님 나라는 마지막 날에 우리 눈에 보이게 극적으로 임하는 정치적 나라가 아님을 강조합니다. 그는 "하나님의 말씀과 하나님 자신이 바로 그 나라"라고 말합니다. 그리고 중요한 것은 천사나 악마, 혹은 보좌나 지도자들이 아니라, "하나님과 영혼", "영혼과 그의 하나님"이라고 말합니다.[17] 그는 하나님 나라가 어떻게 도래하는지에 대해 말합니다.

하나님 나라는 치료하면서 임한다. 죄를 용서하면서 모든 사람 앞에 임한다. 여기에서 비로소 내적으로 활동하는 힘으로서의 하나님 나라의 개념으로 완전히 넘어가게 된다. 예수님이 병자들과 가난한 자들을 부르시는 것처럼, 죄인들도 부르신다. 이러한 부르심은 결정적인 것이다. '인자가 온 것은 잃어버린 것

---

16. *Das Wesen des Christentumus*, 36.
17. *Das Wesen des Christentumus*, 36.

을 찾아 행복하게 만들기 위해서다.' 이제는 모든 외적인 것과 단순히 미래적인 것이 지워진다. 민족이나 국가가 아니라 개인(Individuum)이 구속을 받는다. 새 인간이 되어야 한다.[18]

이 글을 보면, 하르낙은 사실상 미래적 하나님 나라는 부인하고 현재적 하나님 나라만 인정하며, 구원은 철저히 개인적으로 영혼 안에서 이루어진다고 주장함을 알 수 있습니다. 그는 하나님 나라는 권세 있게 임하지만 외적으로가 아니라 "내적으로 가라앉혀지고 내적으로만 붙잡을 수 있다"고 말합니다. 또한 이런 맥락에서 "하나님의 나라는 볼 수 있게 임하는 것이 아니요 또 여기 있다 저기 있다고도 못하리니 하나님의 나라는 너희 안에 있느니라"(눅 17:20-21)는 예수님의 말씀을 인용합니다.[19]

하르낙은 예수님이 가르치신 이러한 현재적 하나님 나라를 제자들이 계승하지 않고 도리어 종말론적 메시아 사상을 덧붙였다고 말합니다. 그는 예수님이 선포하신 하나님 나라에는 중요한 세 가지 사실이 나타난다고 봅니다. 첫째, 이 나라는 세계 초월적 나라, 즉 위로부터 온 선물입니다. 둘째, 이 나라는 철저히 종교적 자산, 즉 살아 계신 하나님과 내적으로 연관을 맺는 것입니다. 셋째, 하나님 나라

---

18. *Das Wesen des Christentumus*, 39.
19. *Das Wesen des Christentumus*, 39.

는 그의 현존을 뚫고 들어와 지배할 정도로 인간이 체험할 수 있는 가장 중요하고 결정적인 것인데, 이는 죄가 용서되고 비참함이 부서져 버리기 때문이라고 말합니다.[20]

하르낙은 이렇게 하나님 나라를 이해할 때만 인간의 삶의 의미와 목적을 바꾼다고 말합니다. 삶의 의미는 항상 하나님 나라, 즉 세계 초월적인 것과 관계될 때 생겨난다고 말합니다. 자연적 삶이 죽음으로 끝났다면 새로운 삶은 영원과 관계되어 사는 것이며, 이것이 바로 예수님이 하나님에 대해 설교하신 내용이라고 말합니다.[21]

하르낙은 세례 요한에 의해 선포된 구약적 색채를 띠고 있는 심판 날에 대한 예언적 고지(告知)와, 예수 그리스도를 통한 내면적 도래를 구분합니다. 하나님 나라는 예수님이 치료하시는 가운데 도래하며, 무엇보다 예수님이 죄를 용서하심으로 찾아오고, 이를 통해 하나님 나라에 대한 이해의 전 과정에 내적으로 작용하는 힘이 주어진 것이라고 봅니다. 그는 침노 당하는 하나님 나라에 대해 예수님이 한 알의 겨자씨처럼 조용히 자라나 열매를 맺는 하나님 나라를 이야기했다고 말합니다. "또 여기 있다 저기 있다고도 못하리니 하나님의 나라는 너희 안에 있느니라"는 말씀은 이런 맥락에서 하신 것이라고 봅니다.

---

20. *Das Wesen des Christentumus*, 40.
21. *Das Wesen des Christentumus*, 40.

하르낙은 예수님의 하나님 나라에 관한 설교에서 세 가지 핵심 사실이 드러났다고 지적합니다. 예수님은 이 설교를 통해서, 첫째로 이 나라는 이 세계를 넘어서 있고 위로부터 주어지는 은사요 자연적 삶의 산물이 아니라는 점, 둘째로 이 나라는 순전히 종교적 자산으로서 하나님과의 내적 연합을 이루는 나라라는 점, 셋째로 죄가 용서되고 비참함이 부서졌기 때문에 이 나라가 인간의 삶 전체 영역을 뚫고 들어와 지배하고 있다는 점을 확실하게 알려주셨다고 말합니다.

2) 하나님 아버지와 인간 영혼의 무한한 가치[22]

하르낙은 예수님이 선포하신 내용에는, 아버지이신 하나님, 그리고 하나님과 연합할 수 있고 또 연합할 정도로 고귀하게 된 인간 영혼의 무한한 가치가 담겨 있다고 봅니다. 예수님의 설교에 평안과 안식을 부르는 요소와 하나님의 자녀 됨 사상이 서로 결합되어 표현된다고 봅니다. 즉 예수님의 선포는 그분을 따르는 자들에게 하나님의 자녀 됨에 대한 확신을 주어 마음속에 평안과 안식을 갖게 하는 것이라고 봅니다.

하르낙은 기독교는 다른 종교들처럼 실증종교가 아니

---

23. Gott der Vater und der unendliche Wert der Menschenseele, *Das Wesen des Christentums*, 40-45.

라고 말합니다. 리츨이 기독교를 실증종교로 보는 것과는 전혀 다른 관점입니다. 하르낙은 기독교를 종교로 보지 않습니다. 그는 복음은 제도적인 것이나 특수적인 것을 전혀 갖지 않기에 복음이 종교 자체라고 말합니다. 복음은 이편과 저편, 이성과 황홀경, 노동과 세계 도피, 유대적인 것과 희랍적인 것의 모든 갈등과 대립 위에 있으며, 모든 것 속에서 지배하고 있으며, 지상의 어떤 요소에 포함되어 있거나 그것에 필연적으로 사로잡혀 있지 않다고 말합니다.[23]

그는 하나님의 자녀 됨의 본질은 네 가지 말씀 군으로 되어 있다고 말합니다. 첫째, 하나님 아버지로 시작하는 주기도문에 따르면 "하나님 아버지"(Vater Unser)라는 말보다 복음을 더 잘 드러내는 말은 없다고 말합니다. 복음은 전 생애에 걸쳐져 있는 하나님의 자녀 됨이고, 하나님의 뜻과 하나님 나라와의 내적 연관이고, 영원한 선물의 소유와 악에 대한 보호의 관계 속에서 기쁨의 확신이라고 말합니다.

둘째, "귀신들이 너희에게 항복하는 것으로 기뻐하지 말고 너희 이름이 하늘에 기록된 것으로 기뻐하라"(눅 10:20)는 예수님의 말씀에는, "하나님 안에 숨겨져 있다는 의식이 이 종교에서 결정적인 것"이고, "종교적 체험의 진정성과 현실성은 감정이 차고 넘쳐서 일어나는 위대한 행

---

24. *Das Wesen des Christentums*, 41.

동으로 측정하면 안 되며, 영혼 위에 부어짐으로 인해 영혼이 '나의 하나님'이라고 부를 수 있는 기쁨과 평화에 의해 측정해야 한다"는 것을 가르쳐 준다고 말합니다.

셋째, "참새 두 마리가 한 앗사리온에 팔리지 않느냐 그러나 너희 아버지께서 허락하지 아니하시면 그 하나도 땅에 떨어지지 아니하리라 너희에게는 머리털까지 다 세신 바 되었나니"(마 10:29-30)라는 말씀을 통해, 예수님은 제자들에게 해악과 죽음에 대한 두려움을 없애며 삶의 모든 곳과 죽음 속에서도 살아 계신 하나님의 손길을 깨닫는 것을 가르친다고 봅니다.

넷째, "사람이 만일 온 천하를 얻고도 제 목숨을 잃으면 무엇이 유익하리요"(마 16:26)라는 말씀을 통해 예수님은 모든 개별 인간 영혼의 가치를 드러냈고 더 이상 어느 누구도 그것을 이전 상태로 되돌릴 수 없다는 것을 가르친다고 보았습니다.[24]

하르낙은 이러한 구조 내에서―하나님 아버지, 섭리, 자녀 됨, 인간 영혼의 무한한 가치 안에서―복음 전체가 이야기된다고 봅니다.[25] 그는 예수 그리스도가 인류와 세계의 뿌리를 영원으로 되돌림으로써 하나님의 자녀 됨을 은사이자 과제로 선포했다고 봅니다. 또한 예수님의 때부터 우리

---

25. *Das Wesen des Christentums*, 41-44.
26. *Das Wesen des Christentums*, 44.

세대의 가치가 증대했다고 말하면서 인간의 생명에 대한 진정한 경외는 하나님을 아버지로 인정하는 것이라고 주장합니다. 그 사실을 알든 모르든 간에 말입니다.

3) 더 나은 의와 사랑의 계명[26]

하르낙은 딱딱하게 굳어진 바리새인의 도덕 속 심층부에 남아 있는 것을 예수님은 복음으로 표현한다고 말합니다. 그리고 그것이 네 가지 부분에서 드러난다고 주장합니다.

첫째, 그는 예수님이 외적 의식 및 전문적이고 종교적 관습과 윤리의 결합을 날카롭게 단절시킴으로 그것을 해소했다고 말합니다.

둘째, 그는 윤리적 문제의 도처에서 그 뿌리까지, 즉 근본적인 마음 태도에까지 거슬러 올라갔다고 말합니다. 그분이 '(바리새인과 서기관보다) 더 나은 의'라고 일컫는 것은 이로부터 이해될 수 있다고 말합니다.

셋째, 그는 예수님이 이기적이고 의식적인 것과의 결탁으로부터 해방하고 윤리적인 것으로 파악했던 모든 것을 하나의 뿌리와 하나의 동기, 곧 사랑으로 소급시키고 있다고 말합니다.

넷째, 그는 예수님이 윤리적인 것을 그에게는 이질적인

---

27. *Das Wesen des Christentums*, 45-47.

것으로 보였던 모든 연관으로부터 심지어 공적 종교와의 연관으로부터 구해냈다고 말합니다. 하르낙은 결국 예수님이 전했던 복음의 알맹이는 사랑을 가르치는 윤리적 가르침이었다고 말합니다.

하르낙은 예수님이 기독교와 도덕을 결합하는 바탕으로 삼았던 하나의 핵심이 존재한다고 보았습니다. 그 핵심은 쉽게 파악되지 않지만, 겸손이라고 이름 붙이는 것이 가장 적합할 것이며, 예수님은 겸손과 사랑을 하나로 간주했다고 봅니다. 겸손은 어떤 개별적 미덕이 아니라 순수한 감수성이자 내적 가난의 표현이며, 하나님의 은혜와 용서에 대한 기원이자, 하나님에 대한 열린 마음이라고 말합니다.

그는 이런 의미에서 도덕과 종교는 예수님을 통해 결합되었다고 말합니다. 이웃에 대한 사랑은 지상에서 가능한 겸손 가운데 살아 계신 하나님에 대한 사랑의 유일한 실천이라고 말합니다. 그는 예수님이 '더 나은 의와 사랑'이라는 새로운 계명에 대한 설교를 이 네 가지 핵심 사상을 통해 표현하심으로써, 어느 누구도 행한 적이 없는 방식으로 윤리적 영역을 고치셨다고 말합니다. 예수님이 이웃에 대한 사랑과 자비의 실천 속에서 종교 본연의 실천을 인식했다고 주장합니다.

그는 여호와 종교가 정의로우신 하나님의 관념을 발전시켰고 새로운 종교의 창립을 낳았다고 말합니다. 신은 좀 더 높은 단계로 고양되고 윤리화되었다고 말합니다. 여호와는 거룩한 존재가 되고, 사람들은 공포와 전율 속에서라도 그분의 심판을 신뢰할 수 있었다고 봅니다. 이 두 가지 영역, 지금까지 분리되었던 종교와 도덕이 예수 안에서 가까워졌다고 봅니다.[27]

4) 복음과 세상은 어떤 관계를 갖는가?

하르낙은 세부적인 차원에서 복음과 관련된 교회사 안에서의 이슈들을 말합니다. 복음과 세상의 관계에 대한 기독교 내의 주요 이슈들을 여섯 가지로 다룹니다.

❶ 복음과 세계, 혹은 금욕의 문제[28]

그는 복음이 세계 도피적이며 금욕적이라는 사상은 가톨릭 교회에 지배적이고, 개신교인들도 이러한 생각을 공유하고 있다고 지적합니다. 하지만 예수님의 행동 양식과 삶의 명령은 금욕적이지 않았고, 예수님의 제자들도 자기 선생을 세계 도피적 금욕주의자로 이해하지 않았다고 말합니다. 그는 예수님의 주도적 사상은 하나님에 대한 신뢰, 겸손, 용서와 이웃에 대한 사랑을 통해 그려진 원 안에 다른 어떤 교훈이나 율법적 교훈이 들어가지 않으며, 금욕주의를 능

---

28. *Das Wesen des Christentums*, 45-47.
29. *Das Wesen des Christentums*, 50-56.

가하는 하나님과의 연합이 존재할 뿐이라고 강조했습니다.

그는 예수님이 말하는 세 종류의 적은 재물과 근심과 이기심이라고 말합니다. 이것들에 대해 자기부인을 해야 하고, 이로 인해 금욕에 대한 관계가 결정된다고 말합니다. 복음은 근본적인 의미에서 금욕적이지 않다고 말합니다. 단지 복음은 재물과 근심과 이기심에 맞선 투쟁을 요구하며, 섬기고 희생하는 사랑을 요구한다고 말합니다.

❷ 복음과 빈곤, 혹은 사회적 문제[29]

그는 복음을 가난한 사람들을 위한 사회적 선포로 이해하는 것에 대해 반대합니다. 예수님은 빈곤과 궁핍을 극복하고 없애는 것과 관련하여 사회적 기획을 수립하지 않았으며, 사람들을 하늘나라로 인도하기 위해 보편적인 빈곤화와 궁핍을 추구하지도 않았다고 말합니다. 단지 복음에 삶을 헌신한 사람들에게 세상의 재화를 포기할 것을 명령했다고 주장합니다. 그러나 이 명령은 인간 영혼의 무한한 가치에 대한 인정과 결합되어 있으며, 하나님 나라에 대한 설교 가운데 들어 있는 것이라고 봅니다.

---

29. *Das Wesen des Christentums*, 56-65.

❸ 복음과 법, 혹은 현세적 질서의 문제[30]

그는 예수님이 정치적 혁명가는 아니었으며, 현실상의 법을 인정했고, 한 번도 법을 어긴 적이 없다고 주장합니다. 예수님은 이 세상 권세로부터 벗어나야 한다고 명령하지 않았으며, 자신의 삶을 다른 원리에 따라—즉 권력을 행사하는 것이 아니라 섬김이라는 상반된 원리에 따라—꾸려 가야 한다고 명령했다고 말합니다.

하르낙은 복음을 부적절하게 현세적인 것과 연관시키는 것은 잘못된 일로 보았으며, 복음은 결코 세상에 속한 나라를 건립하지 않는다고 단호히 말합니다. 복음은 현세적 발전의 문제를 넘어 눈에 보이는 일들이 아니라 인간의 영혼에 마음을 쓰는 것이라고 말합니다.

❹ 복음과 일, 혹은 문화의 문제[31]

그는 일과 문화의 진보는 우리가 힘써 노력해야 할 가치가 있는 것이지만, 최고의 이상이 그 안에 담겨 있지 않아서 영혼에 진정한 만족을 줄 수는 없다고 말합니다. 더 깊이 있게 볼 때, 외적 과정을—곧 문화의 진보를—통해 자신이 발전할 수 없음을 알게 된다고 말합니다. 그는 예수님이 모든 정신적 고양의 조건으로서 하나님에 대한 지식을 진보

---

30. *Das Wesen des Christentums*, 65-74.
31. *Das Wesen des Christentums*, 74-78.

의 조건으로 말했다고 주장합니다. 복음이 문화의 진보에 매달리기를 바라는 것이 아니라 문화가 복음으로부터 배워야 한다고 말합니다. 그는 "그리스도의 출현은 모든 도덕적 문화의 기초로 남아 있다. 복음이 침투해 들어가는 정도에 따라 여러 민족들의 도덕적 문화의 우열이 가려진다"고 말합니다.

❺ 복음과 하나님의 아들, 혹은 기독론의 문제[32]

그는 예수님의 설교는 이른바 기독론을 말하지 않으며, 아들이 아니라 오직 아버지만이 예수님이 선포한 복음 안에 속해 있다고 말한다고 주장합니다. 아들이 중요한 것이 아니라 아버지가 중요하다고 말했던 리츨과 같은 이야기를 하고 있는 것입니다.

하르낙은 사람들이 복음을 충분히 높게 생각하지 않아서 복음을 이 세상 문제들의 수준으로 낮춰 그런 문제들과 접합시켰다고 비판합니다. 하지만 복음은 인간 존재의 가장 깊은 토대와 관계되어 있으며 그것과만 관계되어야 한다고 말합니다. 그러므로 어떤 사람이 복음을 인간성의 뿌리로 소급시킬 수 없다면, 그것을 느끼고 인식하지 않는다면, 그는 복음을 이해하지 못하는 사람으로서 복음을 세속

---

32. *Das Wesen des Christentums*, 79-92.

화시키거나 그의 사용될 수 없음(Unbrauchbarkeit)에 대해 한탄할 것이라고 말합니다.[33]

하르낙은 예수님이 왜 자신을 '하나님의 아들'이라고 부르는지에 대해 말합니다. 그는 "아버지 외에는 아들을 아는 자가 없고 아들과 또 아들의 소원대로 계시를 받는 자 외에는 아버지를 아는 자가 없느니라"(마 11:27)는 말씀이 예수님의 자기 이해를 알려주는 중요한 본문이라고 보며 이렇게 말합니다.

> 하나님에 대한 인식은 하나님의 아들에게 속한 영역이다. 이러한 하나님에 대한 인식 안에서 그(예수)는 하늘과 땅을 지배하는 거룩한 존재(Wesen)를 아버지로, 자기 아버지로 아는 것을 배웠다. 그가 하나님의 아들이라는 의식은, 하나님을 아버지로, 자기 아버지로 인식하는 것의 실제 결과와 다름없다.[34]

이 말은 곧 예수님이 하나님의 아들이신 것은 그분이 하나님을 아버지로 인식한 귀결이라는 것입니다. 다시 말해, 하나님을 아버지로 인식하지 않는다면 하나님의 아들이 아니라는 이야기도 성립합니다. 이것이 틀린 말은 아니지만, 하르낙은 예수님과 관계된 여타의 기독론적 교리들

---

33. *Das Wesen des Christentums*, 79.
34. *Das Wesen des Christentums*, 81.

은―예를 들어, 예수님의 인성과 신성 같은 교리들은―그분을 하나님의 아들이 되게 하는 것과 아무런 상관이 없다고 말하는 것입니다.

하르낙은 어느 누구와도 다르게 예수님은, 하나님을 아버지로 아는 것을 확신하고, 다른 모든 사람들에게 하나님에 대한 이러한 인식과 자신이 하나님의 아들임을 말과 행동으로 알리는 소명(Beruf)이 있음을 알았다고 말합니다. 그리고 예수님은 이러한 소명 의식 속에서 자신이 부름 받은 아들, 하나님에 의해 세움 받은 아들, 즉 하나님의 아들임을 알기에 나의 하나님, 나의 아버지라고 말할 수 있으며, 그에게 귀속된 무언가를 이러한 부르심으로 끌어온다고 말합니다.[35]

하르낙은 예수님이 모든 사람에게 자기 인식과 겸손을 가르쳤음에도 불구하고 자신만이 하나님의 아들이라고 당당하게 말했으며, 자신이 아버지를 알고 있다는 사실, 아버지에 대한 지식을 모든 사람에게 가져다주어야 한다는 사실, 그리고 자신이 하나님의 일을 수행하고 있다는 것을 확신하며 살았던 분이라고 말합니다.[36]

---

35. *Das Wesen des Christentums*, 81.
36. *Das Wesen des Christentums*, 82.

❻ 복음과 교리 혹은 신앙고백에 관한 문제[37]

그는 복음이 결코 이론적 교리나 철학이 아니며, 복음이 아버지 하나님의 현존을 가르치는 한에서만 교리라고 말합니다. 체험하는 것, 오직 스스로 체험한 종교만을 신앙의 대상으로 고백해야 한다고 말합니다. 그는 예수님이 보시기에 다른 모든 신앙고백은 위선적이고 썩어지기 쉬운 것이라고 여깁니다. 복음 안에 어떤 장황한 '종교론'이 나타나지 않는 것처럼, 하나의 완결된 교리를 그 무엇보다 우선하여 받아들이며 그것을 믿는다고 고백하라는 규정은 더구나 없다고 강변합니다.

5) 역사 안의 복음

하르낙은 16세기까지의 기독교 발전을 다섯 시기로 나누고, 자신의 관점으로 분석하고 비판합니다.

❶ 사도 시대의 기독교

이 시기의 원시 기독교 공동체는 세 가지 특징이 있다고 말합니다.[38] 첫째, 예수님을 살아 계신 주로 인정합니다. 즉 그리스도의 죽음과 부활을 인정하는 것입니다. 둘째, 새로운 공동체의 모든 개인이 그 종교를 체험하고, 자신이 하나

---

37. *Das Wesen des Christentums*, 92-95.
38. *Das Wesen des Christentums*, 96-119.

님과 생생하게 연합합니다. 제사장과 중재는 필요하지 않습니다. 셋째, 순결함과 형제 됨의 관계를 가지고 거룩하게 살면서 임박한 그리스도의 재림을 기대하며 살아갑니다. 그는 임박한 재림 사상은 예정사상과 선택의식을 통해 태어나는데, 이것은 종교적 외피에 해당한다고 말합니다.

❷ 가톨릭으로 발전해 가는 단계

이 시기에는 생동하는 종교가 관습의 종교가 되고 율법과 형식의 종교가 되었다고 말합니다.[39] 앞에서 언급했던 최초의 요소들이 빠져나간 자리에 그리스 문화와 정신이 유입되었고, 알렉산더 대왕 아래에서 기독교가 세계 종교로 나아갈 수 있었다고 말합니다.

기원후 130년경에 복음이 소크라테스 철학과 만나고, 시간이 흘러 220-230년경에는 복음이 플라톤 철학과 만나서, 내적 경험과 형이상학적 사변들, 윤리학, 우주론(로고스)을 받아들이면서 로고스와 그리스도를 동일시하는 변화가 일어났다고 말합니다. 이 과정에서 복음의 소박함이 사라지고 종교 철학화가 되었다고 말합니다.

2세기에 기독 교회는 급진적 헬레니즘과 영지주의와 투쟁하게 됩니다. 하르낙은 이 투쟁으로 교회는 교리와 제의

---

39. *Das Wesen des Christentums*, 119-135.

와 규율을 확고한 형식과 율법을 통해 표현하고, 거기에 순종하지 않는 모든 사람들을 배척하게 만들었다고 봅니다.

❸ 그리스 가톨릭교회 시대

하르낙은 이 시기의 교회는 기독교적 창조물이라기보다는 기독교의 특징을 가진 그리스적 창조물이라고 봅니다.[40] 그리고 3세기부터 6세기 사이의 그리스 가톨릭교회는 자연적 힘이 역할을 다한 후에 발생하는 종교의 최종 산물로서 자연 종교가 된다고 지적합니다.

그는 이 교회의 두 번째 특징은 정통 교리에 열광주의적 가치를 부여해서 그리스 가톨릭 사상의 두 요소는 전통적이고 주지주의적이 되어 교리는 상징적 행위들이 수반되는 상투적 의례의 형태로 사용된다고 말합니다.

❹ 로마 제국의 종교

그는 이 시기는 로마 가톨릭교회가 가톨릭 신앙을 가지고 로마로 밀고 들어가 로마 제국의 종교가 된 시기라고 말합니다.[41] 그리고 로마 교회 안에서 이 제국은 계속해서 생명을 유지해 나갔고, 3-4세기 로마 정신으로 충만했던 교회는 로마 제국을 자기 안에서 회복시켰다고 말합니다.

---

40. *Das Wesen des Christentums*, 135-152.
41. *Das Wesen des Christentums*, 153-167.

하르낙은 이 로마 가톨릭교회에서는 정치 권력을 행사하는 것이 복음을 선포하는 것처럼 본질적이었다고 말합니다. 또한 이 교회가 아우구스티누스의 죄와 은혜의 신학을 정통 입장으로 받아들이면서 의식과 법률에 의해 통치하는 로마 세계와, 극도로 개인화된 죄와 은혜의 상반되는 느낌이 결합하는 모순이 발생했다고 지적합니다. 교회는 내적인 아우구스티누스주의를 제한하고 변형시키고 수정했지만 근절할 수는 없었다고 말합니다.

하르낙은 신적 위엄과 권리를 가진 교회 체제를 드러내는 모든 것 속에서는 복음과의 연관 관계가 전적으로 결여된다고 봅니다. 그는 이 시기에는 복음이 왜곡되는 정도가 아니라 전도되었고, 기독교는 이상한 방향으로 길을 잃었다고 말합니다. 그 결과 교회의 가르침이 근본적으로 복음에 모순되고, 신적인 것과 세속적인 것이 혼합되어 기독교의 참뜻을 잃어버려서 이 시기에 기독교가 가장 큰 손실을 입었다고 보았습니다.

❺ 종교개혁

그는 마지막으로 종교개혁의 시기를 말하며, 교리와 역사 연구로서는 전적으로 미숙한 개혁이었다고 봅니다.[42] 종교

---

42. *Das Wesen des Christentums*, 167ff.

개혁이 스스로 부과한 혼란은 세 가지라고 말합니다. 첫째, 교리와 복음을 분간하지 못한 까닭에 바울에 못 미치고 주지주의를 극복하지 못했으며, 곧이어 스콜라적 교리가 구원을 위해 필수적인 것으로 나왔다고 말합니다. 둘째, 루터는 문자에 대한 모든 예속(구약, 율법)으로부터 자유로웠으지만 하나님의 말씀에 대한 복종을 요구했다고 말합니다. 셋째, 개인의 자유와 권리를 인식했지만 개별 교회들이 스스로 참된 교회라는 자의식이 생기면서 정통 교리에 매이게 되었다고 지적합니다. 결국 종교개혁조차도 아직 전통과 교리로부터 해방되지 못해서 자유롭고 생명력이 넘치는 복음으로 온전히 회복하지 못했다고 봅니다.

우리가 지금까지 살펴보았듯이 하르낙은 『기독교의 본질』에서 자기 사상의 핵심을 전달하고 있습니다. 그러나 개신교 정통 교리를 받아들이는 사람들이라면, 그의 사상에 몇 가지 문제점이 있다는 것을 지적할 것입니다.

하르낙이 생각하는 기독교의 본질이 무엇입니까? 복음입니다. 그러나 단지 복음뿐입니다. 율법은 본질이 아니고 의식도 본질이 아니라고 봅니다. 교리도 본질이 아니라고 봅니다. 이런 것들은 기독교가 역사적, 정치적, 사회적 적응을 해나가면서 어쩔 수 없이 생겨난 껍데기에 불과한데 이것들이 참 복음을 가리고 있다고 봅니다. 그러므로 이런 껍데기를 떼어 버리고 오직 복음만 붙잡아야 한다고 말합니다. 이것이 바로 그가 말하는 기독교의 본질입니다.

하르낙에 대한 평가

하르낙의 첫 번째 문제점은, 성경을 연구하는 방법입니다. 그는 신구약 전체를 구속사적으로 살피지 못합니다. 성경의 많은 책들 가운데 공관복음에만 초점을 맞추고, 공관복음 중에서도 예수님의 십자가와 부활이 나오는 뒷부분은 다루지 않습니다. 단지 산상수훈을 비롯하여 하나님 나라에 대한 예수님의 설교를 다분히 연역적, 자의적으로 살필 뿐입니다.

그의 두 번째 문제점은, 하나님의 사랑을 가르치는 복음만을 기독교의 본질로 보면서 하나님의 심판을 가르치는 율법의 중요성을 심각하게 훼손하는 것입니다. 율법은 우리를 구원할 수 없지만 죄를 지적하는 기능을 가지고 복음에 기여할 수 있습니다. 하르낙은 율법에 대해 잘못된 평가를 하고 율법을 소홀히 여김으로 인해 하나님의 두 성품(사랑과 진노의 성품) 가운데 진노의 성품을 희생시킵니다. 이 입장은 그가 초대교회에서 이단으로 정죄된 마르키온(Marcion)을 연구하면서 처음부터 가졌던 사상입니다. 그는 "하나님은 진노하시면서도 사랑을 드러내신다" 혹은 "하나님은 진노 안에 사랑을 숨긴다"는 교부들과 종교개혁자들의 신학을 받아들이지 않습니다.

하르낙의 세 번째 문제점은, 기독교의 핵심 교리 가운데 일부를—특히 동정녀 탄생이나 부활을—중요하게 여기지 않고 이 진리에 대한 믿음을 분명히 고백하지 않는 것입니다. 그는 예수님의 성육신, 십자가, 부활을 중심으로 작성된 신앙고백 자체를 하지 않으려 했습니다.

하르낙의 네 번째 문제점은, 교리들을 심지어 사도신경까지 믿을 수 없는 것으로 비판하는 것입니다. 이것들은 기독교가 헬레니즘화되는 과정에서 불필요하게 생겨난 것이라고 평가절하 합니다. 그러나 사도신경과 교리를 작성한 초대교회는 역사상 어느 시대의 교회보다 더 하나님을 신실히 섬긴 교회였습니다. 초대교회가 그것을 작성할 때 성령이 역사하셨음을 왜 믿지 못하는지 의문스럽습니다.

하르낙은 초대교회 지도자들이 역사비평을 몰라서 그렇게 말했을지 모르지만 이제는 정통 교회가 말하는 것들은 모두 진리를 순전하게 알게 해주는 역사비평의 기준을 통과해야 진리로 입증되고 받아들여질 수 있다고 말합니다. 그는 기독교 신앙의 요약이라고 할 수 있는 사도신경도 역사 비평학적으로 입증할 수 없기에 받아들일 수 없다고 말합니다.

그의 이런 주장은 정통 교회의 신학자들과 목회자들로

부터 엄청난 저항에 부딪쳤습니다. 하르낙을 대표적으로 비판한 사람은 크레머(Cremer)였습니다. 크레머는 사도신경은 역사 비평학적 방법으로 입증할 수 있는 진리가 아니며, 오직 성령으로만 알 수 있고 신앙으로만 받아들일 수 있는 진리라고 말했습니다. 또한 크레머는 예수님의 사역보다 인격이 중요하다는 하르낙의 주장을 강하게 비판하며, 십자가와 부활은 예수님 사역의 핵심이고 이 사역을 중심으로 그분의 인격을 규정하는 것이 옳다고 주장합니다.[43]

하르낙은 크레머의 비판을 구체적으로 반박합니다. 그는 여전히 역사 비평학적 방법으로만 지난날의 역사를 바로 알 수 있고, 이런 순전한 역사 인식을 통해서만 예수님의 새로운 가르침을 발견할 수 있다고 강변합니다. 교회가 헬라 철학을 수용하여 만든 이른바 정통이라는 가르침은 옛날의 낡은 가르침이며, 오직 역사 비평학적 방법으로만 "예수님의 새로운 가르침"을 발견할 수 있다고 주장합니다.

하르낙은 이렇게 결론을 내립니다. "우리는 역사에 대한 순전한 인식을 놓아주지 않을 것이다. 그리고 그런 인식이 우리를 놓아주지 않게 할 것이다. 왜냐하면 우리는 우리 생각이나 거짓된 사실로 사는 것이 아니라 확실한 것으로 살기 때문이다. 이것이 바로 우리가 왜 역사 비평을 하는지

---

43. Hermann Cremer, *Zum Kampf zum Apostolikum*, 3. Auf., Verlag von Wiegandt & Grieben, Berlin 1893, 32-56.

에 대한 이유다."⁴⁴

하르낙이 이처럼 예수님의 사역을 중심으로 만들어진 사도신경을 깎아내리는 것은, 그에게 복음의 핵심은 예수님이 아니라 하나님 아버지이기 때문입니다. 하지만 예수님의 동정녀 탄생, 십자가, 부활의 진리가 복음의 핵심이 아니라면, 예수님은 인류에게 사랑의 도덕을 주창했던 사대성인 가운데 한 사람이 될 것이고, 기독교와 타종교는 근본적인 면에서 차이가 없을 것입니다. 그는 이런 주장을 통해 칸트 철학의 영향으로 기독교를 도덕 종교로 만들었다는 비난을 면치 못할 것입니다.

마지막으로, 그의 결정적 실수는 예수님의 사역보다는 예수님의 인격과 교훈에 초점을 맞추고 산상수훈을 지나치게 강조한 데 있다고 봅니다. 그는 튀빙겐대학교의 바우어나 괴팅겐대학교의 리츨의 영향을 받아 바울을 헬라 사상과 복음의 혼합물로 보면서 과소평가하는 잘못을 저질렀습니다. 그러나 예수님의 설교는 바울을 통해 그 뜻이 더욱 분명히 드러납니다. 바울이 그리스 사상가들이 사용하는 용어를 쓴 것은 자신이 받은 복음을 그들에게 전하려는 선교적 동기이지, 복음을 헬라사상에 유폐하려는 것이 아닙니다.

하르낙은 초대교회의 복음은 단순하고 소박한 복음이

---

44. Adolf von Harnack, *Antwort auf die Streitschrift D. Cremers: zum Kampf um das Apostolicum*, in Reden u. Aufsätze, Mohr Siebeck, Tübingen 1892, 291-292.

었지만 기독교가 헬라화되면서 헬라 철학적 개념을 빌려오면서 이런 특징을 잃어버렸다고 말합니다. 하지만 최근 연구에 따르면, 초대교회의 복음은 단순하거나 소박하지 않았습니다. 바울서신들 특히 로마서, 에베소서, 고린도전후서, 빌립보서, 골로새서를 살펴보면 희랍 철학자들이 사용하는 개념이 자주 나오는 것을 볼 수 있습니다. 하르낙이 초대교회의 복음은 단순하고 소박했다고 말한 것은 자신의 신학적 입장을 연역적으로 가지고 들어간 것이지 결코 초대교회 신학을 객관적으로 연구하여 얻은 것이 아니라는 마르시스 교수의 지적은 옳습니다.[45]

그는 기독교의 본질이 결코 문화가 될 수 없다고 주장합니다. 하지만 기독교가 문명의 발전을 위해 존재하면 안 된다고 지적하면서도 기독교를 문화의 뿌리라고 말하며 결국 문화와 복음을 혼합시키고 문화의 발전이 곧 하나님 나라의 발전이라는 등식을 만들어 문화 신교(Kultur-Protestantismus)의 창시자라는 별명을 얻게 되었습니다.

---

45. Christoph Markschies, *Das antike Christentum*, Verlag C. H. Beck, München 2006.

5장

최종 평가

한국 교회와 자유주의

지금까지 칸트와 슐라이어마허, 그리고 자유주의 신학자 리츨과 하르낙의 신학에 대해 살펴보았습니다. 이들이 모두 공통적으로 말하는 내용도 있고 각자 고유하게 주장하는 내용도 있습니다. 이들의 주장을 여기에서 다시 한 번 정리하는 것보다는, 이 책을 시작하면서 제가 말씀드렸듯이 일반적으로 알려진 자유주의 신학과 비교하면서 읽으면 좋을 것 같습니다.

다만 이 최종 평가 부분에서는 자유주의 신학자들이 현대 교회에 공헌한 점, 자유주의 신학자들의 문제점, 그들이 현대 교회에 끼친 영향, 그리고 한국 교회와 자유주의 신학의 관계에 대해 정리하고자 합니다.

첫째, 자유주의자들의 최대 공헌은, 계몽주의 이후 이성의 시대에 정통 교회가 무엇을 고민해야 하는지를 알려 주었다는 점입니다.

자유주의자들은 이성의 시대에 사람들이 성경을 포기하지 않도록 성경의 권위에 대해 학문적 대답을 제공하려 했습니다. 그리고 이성의 시대에는 성경을 어떻게 해석하고 설교해야 하는지 고민했습니다. 기독교가 역사의 진보에 대해 어떤 입장을 취해야 하고, 창조론이 흔들리고 진화론이 받아들여지는 세계관 변혁의 시대에 인간이 어떤 목적을 가지고 어떤 역할을 해야 하는지에 대해 질문하고 대답하려 했습니다. 이것은 정통 교회의 모든 신학자와 사역자들이 고민해야 하는 문제입니다. 또한 선교사가 미전도 종족에게 들어가 복음을 전할 때 반드시 해야 할 고민이기도 합니다.

자유주의자들이 근대적 세계관에 세례를 받은 지성인에게 전통적 방법이 아니라 새로운 방법으로 복음을 전해야 한다는 사명을 가진 것은 충분히 이해할 만하고 칭찬할 만합니다. 하지만 이들이 내놓은 도덕 환원주의적 해결책은 만족스럽지 않고 위험하며 교회에 아주 큰 해를 끼칠 수 있습니다.

둘째, 자유주의자들은 니체가 철학에서 행했던 것처럼, 신학 전반의 내용과 거기에 따르는 교회의 실천을 '가치 전도'(Umwertung)했습니다. 가치 전도란 모든 가치를 뒤집어 변화시키는 것을 말합니다.

자유주의자들은 2천 년의 기독교 전통의 유산을 폄하했습니다. 그들은 역사 실증주의적 방법으로 성경에 나타난 계시만 진리의 척도로 삼는다고 주장했지만, 실제로 모든 성경을 계시로 인정하지 않았고 동일하게 다루지도 않았습니다. 구약보다는 신약, 그리고 신약 가운데서도 사복음서 중심으로 과감한 환원을 단행했습니다. 자신들이 주장한 복음의 알맹이를 중심으로 하나님 나라에 대해 말하려 했습니다. 또한 교회 역사 속에서 성경을 해석한 여러 믿음의 사람들이 남겨 놓은 성경 주석이나 설교, 교회 회의의 결정들, 즉 전통을 과소평가했습니다.

그 결과로 자유주의자들은 복음서를 강조하고 바울을 과소평가했습니다. 바울의 칭의론을 중심으로 세워졌던 어거스틴, 루터, 칼빈으로 이어지는 정통 교회의 신학 흐름을 유효기간이 다 된 것으로 여기고 폐기 처분했습니다.

그들은 바울의 칭의론을 언급하더라도, 도덕의 나라를 세우기 위해 어쩔 수 없이 요청되는 진리로 평가절하 했습니다. 바울 신학을 평가절하 하면서 정통 교회가 핵심 진리로 붙든 원죄론, 구원론, 종말론을 기독교 신학에서 별것 아닌 진리로 여겼습니다. 결국 그들은 계몽주의에 영향을 받은 기독교 인문주의자들과 같은 이야기를 했습니다.

앞에서 언급했듯이, 독일에서 가장 잘 알려진 철학자 하버마스는 이렇게 지적했습니다. "자유주의자들은 예수님이 가장 계몽된 한 인간에 불과하며, 누구든지 신적 소명을 자각하고 최선을 다하면 계몽될 수 있고 도덕 사회의 구성원이 될 수 있다고 보았다."

셋째, 자유주의 신학이 현대 교회에서 여전히 맹위를

떨치고 있습니다. 현대 교회의 신자들이 자유주의 신학에 많은 영향을 받은 것은 부인할 수 없는 사실입니다. 자유주의 신학에 영향을 받은 사람들은 알게 모르게 자유주의 신학이 가르치는 대로 믿고 신앙생활을 합니다.

이들은 성경을 성령으로 완전 영감된 책으로 보지 않으며, 교리를 강조하는 정통 교회의 예배나 실천에 대해 알레르기적으로 비판합니다. 그 대신 기독교와 사회의 관계에 대해 열심히 연구하고, 주요 사회적 이슈에 예민하게 반응하며, 정통주의를 주장하는 사람들보다는 인문주의적 관점을 가진 사람들과 더 가까워지려 하고, 하나님 나라의 종말론보다는 현재적으로 이루어지는 하나님 나라를 훨씬 더 강조합니다. 또한 정통 교회에서 선포하는 설교나 성례전, 영혼 구원, 선교에 대해 강조하는 것을 평가절하 합니다.

마지막으로 한국 교회와 자유주의 신학에 대해 말씀을 드리고 싶습니다.

한국 교회에 자유주의 신학을 처음으로 소개한 신학자는, 미국에서 종교학적 관점에서 슐라이어마허와 리츨의 자유주의 신학을 연구하고 돌아와 모교인 감리교신학교에서 자유주의 신학을 소개한 정경옥 박사입니다.

정경옥 박사는 한국의 거대 교단인 보수주의 장로교회가 교리를 지나치게 강조하면서 인간의 주관적 체험 신앙과 인간 삶의 현실에 대해, 즉 사회의 제반 문제를 소홀히 했다는 점을 간파하고, 자신이 미국에서 배운 자유주의 신학으로 이런 점을 보완하려고 했습니다. 하지만 그는 기존의 한국 교회 신학의 부족한 점을 보완하려 했지 총체적으로 부정하려 하지 않았습니다.

한국 보수주의 장로교회의 교리 중심적 신학에 대해 전면전을 펼친 학자는, 일본의 청산학원으로 유학을 가서 칼 바르트 신학으로 세례를 받고 미국으로 건너가 그의 신학에 더욱 심취되어 돌아와서 조선신학교(한신대학교의 전신)를 시작한 김재준 박사였습니다.

한국 장로교의 보수 신학을 대표했던 박형룡 박사는, 주로 김재준 박사와 신정통주의 신학 논쟁을 치열하게 벌였기 때문에 자유주의 신학에 대해서는 많은 비판을 하지 않았습니다. 그가 자유주의 신학을 비판한 이유는, 정경옥 박사 때문이 아니라 정통 신앙을 위협한다고 생각되는 여러 신학 사조들을 총괄적으로 비판했기 때문입니다. 그는 미국 교회에 큰 물의를 일으켰던 자유주의 신학을 한국교회에 소개하고, 이 신학에 한국의 신학계와 교회가 물들지 않도록 예방주사를 놓고 싶었습니다. 그가 영적 스승인 그레샴 메이첸이 쓴 『기독교와 자유주의』를 자유주의 이해의 근간으로 삼고 자유주의 신학을 비판했다는 점은 잘 알려진 사실입니다.

하지만 박형룡 박사의 자유주의 비판이나 정경옥 박사

의 자유주의 신학의 소개에서 아쉽다고 생각하는 점은, 그들이 자유주의자들이 쓴 원전을 읽고 비판하지 않았다는 점입니다. 이들의 이런 약점은 고스란히 한국 신학계와 독자들에게 이전되어 한국 교회 신학자들이나 성도들이 자유주의를 올바로 이해하지 못하게 되었습니다. 그래서 국내 보수주의 성도들은 자유주의자들을 생각할 때, 성경의 완전 영감을 부정하는 사람들, 교회 중심으로 신앙 생활하지 않는 사람들, 십자가와 부활 같은 정통 신앙보다는 정치 문제나 윤리 도덕, 문화 등에 치중하는 사람들로 생각하는 경향이 있습니다.

그러면 정통 신앙을 따르고자 하는 신앙인들은 자유주의 신학을 옹호하는 사람들을 어떻게 생각해야 할까요? 과연 자유주의 신학은 정통 신학과 약간 다른 신학일까요, 아니면 완전히 잘못된 신학일까요?

최근 어느 집회에 참여하여 자유주의 신학에 대해 말한 적이 있는데, 거기에서 이런 질문을 받았습니다. "자유주의 신학은 신앙의 다양성에 속할 수 있고, 또한 위기에 처한 한국 교회의 갱신을 위한 대안이 될 수도 있지 않을까요?" 이 질문에 제 나름대로 답변했습니다만, 이렇게 생각하는 성도들이 적지 않을 것 같습니다.

자유주의 신학은 침체되어 있는 한국 교회에 활력을 불

어넣는 신학이 될 수 있을까요? 자유주의 신학자들이 말하는 내용이 한국 교회의 현실을 새롭게 만들 추동력이 될 수 있을까요? 이 책을 정독한 독자들은 알아차렸겠지만, 이 질문에 대한 답은 이미 충분히 제시되었다고 생각합니다.

교회는 교리나 교권 등에 매이지 말고 인간의 삶과 세계 문제에 관심을 가져야 한다는 자유주의자들의 문제 제기에 귀 기울여야 합니다. 정통주의 신학자들이나 교회가 이런 지적을 받도록 행동하지 않았다고 말할 수 없기 때문입니다. 또한 예수님이 설파한 하나님의 나라는 사랑의 나라이며, 이런 사랑의 나라가 이루어지도록 산상수훈에서 말하는 윤리의 실천을 통한 인류애의 증진에 힘써야 합니다. 이를 위해 정치와 문화의 변혁, 복지의 실현을 위해 노력해야 한다는 외침도 경청해야 합니다.

하지만 자유주의자들이 그런 이상을 실현하기 위해 죄의 문제나 개인의 구원 문제를 심각하게 다루지 않은 것은 크나큰 실수입니다. 자유주의자들은 원죄나 원죄의 유전, 예수님의 십자가 죽음과 부활, 복음에 대한 믿음을 통한 구원의 진리 등과 같은 죄인이 구원 받기 위해서는 반드시 알아야 할 기독교의 근본 진리를 크게 강조하지 않았다는 점을 지적하지 않을 수 없습니다.

예수님이 외친 하나님 나라는 어떤 나라일까요? 과연 복음의 선포 없이, 복음을 통한 참된 회개 없이 이 땅에 하나님 나라가 이루어질 수 있나요? 회개한 사람이 아니라면 누가 하나님 나라를 이룰 수 있나요? 사람이 근본적으로 회개하지 않았는데 제도의 개선이나 기독교 세계관에 의한 정치나 사회와 문화의 변혁 등을 통해 하나님 나라가 이 땅에 임할 수 있나요? 과연 자유주의자들은 예수님이 말씀하신 "내 나라는 이 땅에 속해 있지 않다"는 말씀을 어떻게 해석하고 있나요? 교부 어거스틴이 말한 '땅의 나라(terrena civitas)와 하나님의 나라(civitas Dei)'의 구분을 진정으로 인정하고 있나요?

독일 같은 나라가 하나님 나라에 근접했다고 말하는 사람이 있습니다. 하지만 독일에서 16년 동안 살았던 저 같은 사람이 볼 때, 독일의 영적 현실을 몰라서 하는 말이라는 생각 밖에 들지 않습니다. 독일 영방(領邦) 교회는 명목상으로는 교인이지만 주일날 교회에 나가지도 않고 예배도 드리지 않는 사람들로 골머리를 앓고 있습니다. 정치 신학자로 알려진 몰트만 같은 진보적 신학자도 독일 교회가 영방 교회 시스템을 버리고 영미와 같이 자유교회 시스템을 도입해야 살아날 수 있다고 탄식합니다.

성도의 가장 중요하고 근본적인 표지는 교회에 나와서 믿는 사람들과 함께 하나님을 예배하는 것입니다. 먼저 예배를 통해 하나님으로부터 은혜를 받아 그로 말미암아 위로부터 오는 힘을 공급 받고, 그다음에 이웃에게 복음을 전하고 세상에서 이웃 사랑을 실천해야 합니다. 하나님에 대한 예배가 사라진 나라가 과연 하나님의 나라일까요?

복음 선포와 복음 앞에서 회개하는 진정한 회개 없이 하나님 나라가 이 땅에 임하는 것은 전적으로 불가능합니다. 그리고 이 세상의 사회문제나 문화의 변혁 등은 루터, 칼빈, 웨슬리의 신학에 이미 들어 있습니다. 그들의 생애를 연구해 본 사람이라면, 그들이 세상의 정치나 사회문제에 얼마나 큰 관심을 가졌는지 도저히 부정할 수 없을 것입니다. 이들은 "개인만 구원 받으면 되지 사회문제는 교회가 관여할 필요가 없다"고 말하지 않았습니다.

루터는 "두 정부론"을 통하여, 칼빈은 "영역 주권론"을 통하여, 하나님은 한편으로는 교회를 통해 영혼들을 구원하고, 다른 한편으로는 세속 정부를 통해 세상을 다스린다는 점을 강조합니다. 그들은 하나님을 구속주와 창조주로서 균형 있게 선포했습니다. 또한 인간의 근본적인 갱신 없이 이 땅에 하나님 나라가 이루어질 수 없다는 점을 강조했습니다.

저는 독자들이 이 책을 읽고 자유주의 신학을 올바로 이해하며, 자유주의자들의 문제 제기를 진지하게 받아들이고, 또한 이들의 약점이 무엇인지 바로 알고 한국 교회의 갱신과 소생에 전력을 다하기를 진심으로 바랍니다.

자유주의 신학에 세례를 받은 사람들은 교회에 매여 있는 신앙인들을 교회에서 나오게 하려고 합니다. 지금 우리

사회에서 '가나안'(교회에 안 나가면서 하나님을 믿는다고 하는 사람들) 성도들이 많이 생겨나는 것은, 정통주의를 표방하는 교회가 실망스러운 모습을 보여 주었기 때문임을 부정할 수 없습니다. 하지만 신학과 교회 안으로 은밀하게 파고들어 영향력을 행사하고 있는 자유주의 신학의 책임도 무시할 수 없습니다.

이제 결론을 말씀드립니다. 자유주의는 계몽된 세계에서 복음을 새로운 방법으로 전하려는 운동이었지만 바른 해법을 제시하지 못하고 정통을 싫어하는 사람들을 교회 밖으로 이끌어내는 운동으로 전락해 버렸습니다. 그러나 정통 기독교를 표방하는 신학자나 목회자들은 이 시대를 살아가는 성도들을 위해 자유주의자들이 던진 질문에 진지하게 대답해야 합니다. 그리고 무엇보다 중요한 것은 정통임을 자처하는 사람들이 더 매력적인 모습을 보여 주어서 자유주의자들조차도 무시할 수 없는 그리스도인이 되어야 합니다.

참고문헌

• 첫 번째 자료들 •

Harnack Adolf von, *Dogmengeschichte*, 8. Auf., J. C. B. Mohr Siebeck, Tübingen 1991.

Harnack Adolf von, *Antwort auf die Streitschrift D. Cremers: zum Kampf um das Apostolicum*, in Reden u. Aufsätze, Mohr Siebeck, Tübingen 1892. eschichte, 8. Aulage, J.C.B. Mohr Tübingen 1991.

Harnack Adolf von, *Das Wesen Des Christentums*, Vierte Auflage, J. C. Hinrichsche, Buchhandlung, Leipzig 1901.

Kant Immanuel, *Kritik der reinen Vernunft*, Felix Meiner Verlag, Hamburg 1956.

Kant Immanuel, *Die Religion innerhalb der Grenzen der blossen Vernunft*, Felix Meiner Verlag, Hamburg 2003.

Kant Immanuel, *Kritik der praktischen Vernunft*, Werke 3, Könemann, Köln 1995.

Ritschul Albert, *The Christian Doctrine of Justification and Reconciliation; the Positive Development of the Doctrine*, edited by H. R. Mackintosh and A. B. Macaulay, second edition, Edinburgh, T. & T. Clark, 38 George Street, 1902.

Schleiermacher F. D. E, *Über die Religion; Reden an die Gebildeten unter ihren Verächtern*, Felix Meiner Verlag, Hamburg 2004.

Schleiermacher F. D. E, *Kurze Darstellung des theologischen Studiums*: 1811년 초판, 1830년 개정 2판.

Schleiermacher F. D. E, *Der christliche Glaube(1830/31)*, Herausgegeben von Martin Redeker, Walter de Gruyter, Berlin und New York 1990.

• 그 밖의 자료들 •

Barth Karl, *Die protestantische Theologie im 19. Jahrhunderte*, 6. Auflage, Theologischer Verlag Zürich 1994.

Calvin Johannes, *opera selecta*, edited von Petrus Barth, vol., I, Chr. Kaiser.

Cremer Hermann, *Zum Kampf zum Apostolikum*, 3. Auf., Verlag von Wiegandt & Grieben, Berlin 1893.

Greschat Martin (Hrsg.), *Theologen des Protestantismus im 19. und 20. Jahrhundert I*, Verlag W. Kohlhammer, Stuttgart Berlin Köln Mainz 1978.

Habermas Jürgen, *Zwischen Naturalismus und Religion*, Suhrkamp Verlag, Frankfurt am Main 2005.

Hegel Friedrich, *Vorlesungen über die Philosophie der Religion*, Erster Band, Felix Meiner Verlag, Hamburg 1966.

Hirschberger Johannes, *Geschichte der Philosophie, Band I, Altertum und Mittelalter*, Verlag Herder, Freiburg im Breigau.

Kantzenbach Friedrich Wilhelm, *Programme der Theologie*, Claudius Verlag, München 1978.

Markscies Christoph, *Das antike Christentum*, Verlag C. H. Beck, München 2006.

Nowak Kurt, *Schleiermacher, 2. Auflage*, Vandenhoeck & Ruprecht, Göttingen 2002.

Pannenberg, *Problemgeschichte der neueren evangelischen Theologie in Deutchschland*, Vandenhoeck und Ruprecht, Göttigen 1997.

Stanley J. Grenz & Roger E. Olsen, *20th century Theology*, Intervarsity Press, Illinois 1992.

김균진, 『20세기 신학사상 I』, 연세대학교출판부, 2003.
김영한, 『바르트에서 몰트만까지』, 대한기독교서회, 1982.
그레샴 메이첸, 『기독교와 자유주의』, 크리스챤출판사, 2004.

그리스도인을 위한 현대 신학 강의 ❶
자유주의 신학이란 무엇인가?

ⓒ 김용주

초판 1쇄 발행 | 2018년 4월 25일
초판 3쇄 발행 | 2022년 8월 28일

지은이 | 김용주
펴낸이 | 신은철
펴낸곳 | 좋은씨앗
출판등록 제4-385호(1999. 12. 21)
주소 | 서울시 서초구 바우뫼로 156(양재동, MJ빌딩), 402호
주문전화 | (02) 2057-3041 주문팩스 | (02) 2057-3042
이메일 | good-seed21@hanmail.net
페이스북 | www.facebook/goodseedbook

ISBN 978-89-5874-298-2 04230

이 책의 저작권은 저자 및 저자와 독점 계약한 도서출판 좋은씨앗에 있습니다.
신저작권법에 의해 한국 내에서 보호를 받는 저작물이므로 무단 전재와 무단 복제를 금합니다.